PIRE
LE M~~EILL~~EUR COLLÈGE DE FRANCE

LE ~~MEILLEUR~~ PIRE COLLÈGE DE FRANCE

Écrit par
N. M. Zimmermann
Illustré par
Anne-Charlotte Gautier

SEUIL

D'après une idée originale de
Thomas Leclere

Mise en pages : Yves Leclere

ISBN : 979-10-235-0462-0

Conforme à la loi n°49-956 du 16 juillet 1949
sur les publications destinées à la jeunesse.

Avertissement :

Ce livre ne fera pas de toi
le meilleur élève de France.
Mais il te fera passer
un excellent moment de lecture.

PROLOGUE

Après ma sixième, j'étais sûr que les années de collège allaient être les plus cool de ma vie.

Au collège, on arrête de te traiter comme un gamin. Fini les parents qui attendent à la sortie, les surveillants qui te suivent partout pour vérifier que tu ne fais rien de « dangereux » et les dames de la cantine flippantes qui t'obligent à terminer ton assiette de vomi d'alien parce que « des enfants ont faim dans le monde »...

O.-K., c'est vrai : je sais que ce sont des épinards...

Enfin, c'est ce que les adultes racontent.

Parce que ça ressemble VACHEMENT à du vomi d'alien, et je ne vois pas comment c'est possible d'avoir assez faim pour manger un truc pareil !

Mais surtout, la sixième, c'est presque des VACANCES, comparée à la primaire. D'abord, il y a moins d'heures de classe. En plus, on change de salle entre chaque cours, ce qui fait perdre au moins CINQ MINUTES par heure. Ensuite, les grandes vacances commencent plus tôt parce que les salles du collège sont réquisitionnées pour le brevet des troisième.

Bon, c'est vrai, il y a cette histoire de brevet. Il paraît que quand t'es en troisième on te met une pression dingue pour que tu le prépares. Apparemment, ensuite, l'angoisse des examens devient PIRE chaque année jusqu'au bac. Mais je m'en faisais pas trop : quand tu entres en cinquième, la troisième, c'est dans des *siècles*. D'ailleurs, si mon frère, Max, n'avait pas passé son brevet l'année dernière, je ne saurais même pas que ce truc existe. Quand j'en ai parlé à Brian, qui est dans ma classe depuis la maternelle, il a cru que je me moquais de lui. J'ai insisté et il s'est mis en colère.

Brian est l'un des meilleurs élèves de ma classe, mais, bizarrement, il n'est pas toujours très vif. En fait, son prénom se prononce « brai-ane », comme dans une série télé, mais notre instituteur de CE1 disait « bri-an » comme pour « brillant », et ça lui est resté.

Entre nous, je pense que l'instituteur faisait exprès de se tromper. C'était plutôt un sale type. Il m'avait appelé « la Belle au bois dormant » toute l'année parce que je m'étais endormi UNE FOIS, pendant un cours de géométrie barbant. À la fin de l'année, j'avais l'impression que presque personne ne se souvenait que c'était Victor, mon prénom. Heureusement, depuis qu'on est au collège, presque tout le monde a oublié mon surnom.

J'espère que ça restera comme ça, parce que ma période « Belle au bois dormant » ne fait pas partie de ce que j'ai prévu de raconter à mes petits-enfants sur ma jeunesse.

Enfin, bref, ce n'est que quand notre prof de français de l'année dernière a juré à Brian que le brevet existait VRAIMENT qu'il a accepté de voir la réalité en face.

Brian a un peu pleuré. En même temps, il pleure souvent, surtout quand il s'agit de contrôles. Il est dans les premiers de la classe, mais il a toujours peur d'avoir tout raté. Sa mère a l'air plutôt normale, comme ça, mais Brian panique tellement quand il n'a pas une super-note que je commence à avoir des doutes. Peut-être qu'elle est comme ma tante Mildred, qui continue de sourire tant qu'il y a du monde quand tu fais une bêtise, mais qui te hurle dessus dès que tu te retrouves seul avec elle. Quand j'étais petit, je me faisais tout le temps avoir : j'oubliais complètement ce qui s'était passé et je ne voyais jamais la punition venir.

Tout ça pour dire que je n'écarte pas non plus la possibilité que la mère de Brian ait un double maléfique ou quelque chose dans le genre. Parce que, vu ce qu'il a pleuré quand il a eu 11 sur 20 en anglais, l'année dernière, j'aurais juré qu'il allait être enfermé à la cave avec des rats mutants jusqu'au contrôle suivant.

Moi, ma mère ne m'embête pas trop du moment que j'ai la moyenne. Avant d'entrer à l'école, je voulais devenir médecin. Évidemment, à l'époque, j'étais jeune et je ne savais pas qu'il fallait faire

UN SIÈCLE d'études et apprendre des livres *entiers* pour y arriver. Moi, je pensais qu'il suffisait d'ouvrir des gens pour reboucher les trous. Ça avait plutôt l'air d'un bon plan, surtout que j'aurais eu un stock illimité de sirop pour la toux à la cerise, que ma mère cachait derrière un vase sur l'étagère de la cuisine depuis qu'elle m'avait surpris à en boire en cachette.

Enfin, bref, ma mère racontait à tout le monde qu'on allait avoir « un médecin dans la famille ». Et puis je suis entré au CP. Au début, je n'ai rien changé à mes habitudes de la maternelle : je passais mon temps à jouer et je faisais mes devoirs en deux minutes entre deux châteaux en Lego. Ma mère était très cool avec ça. Je crois qu'elle pensait que j'allais être comme Max, qui avait des 20 sur 20 en ne faisant pas grand-chose. Mais, ensuite, mes premières notes sont arrivées et elle a été convoquée par mon institutrice.

Sur le moment, elle a essayé de me faire travailler à la maison, mais elle n'arrêtait pas de me crier dessus et je crois que ça la barbait autant que moi.

Du coup, on a trouvé un accord. Elle m'a dit qu'être médecin c'était clairement au-dessus de mes capacités, mais que vétérinaire serait peut-être à ma portée un jour si je travaillais beaucoup. En attendant, elle me laisserait tranquille tant que je ne redoublais pas. C'est mieux comme ça, parce que je ne crois pas être fait pour de longues études. Les contrôles, ça me fiche les jetons depuis mon premier concours de peinture aux doigts en petite section de maternelle.

Enfin, comme je l'avais expliqué à Brian, on avait le temps de voir venir, pour le brevet. Je n'avais pas vraiment envie d'y penser avant d'y être obligé. La sixième avait été cool. Il y avait plusieurs après-midi sans cours par semaine, et pas trop de devoirs. D'après Max, c'est parce que les profs ont tellement de trucs à corriger pour les troisième qu'ils en donnent le moins possible aux autres.

Il n'y avait pas de raison pour que la cinquième soit différente.

J'ai passé mes vacances d'été à faire des projets pour occuper mon futur temps libre. J'avais prévu de faire des après-midi jeux vidéo le lundi et le jeudi, maquettes de bateau le mardi et le vendredi, et peut-être de commencer une activité classe comme le saut en parachute ou la course de voiture le mercredi et le samedi, si j'arrivais à convaincre mes parents de m'inscrire.

Ils sont assez méfiants depuis que j'ai laissé tomber le judo. Il faut dire que c'était après la boxe, le tennis, la guitare, la peinture, le foot et la natation.

Franchement, ce n'est pas comme si c'était MA faute que tout ait toujours l'air plus sympa à la télé que ça ne l'est en vrai. Comment j'aurais pu deviner que la guitare fait super mal aux doigts ou qu'un joueur de tennis passe son temps à courir après des balles en plein soleil (je soupçonne que ça doit être encore PIRE sous la pluie, mais j'ai été assez malin pour arrêter avant qu'on en arrive là) ?

Enfin, bref, j'avais tout prévu pour que la cinquième soit le paradis.

Du moins, c'était ce que je croyais avant de rencontrer le nouveau principal du collège Alphonse Allais.

CHAPITRE 1

Le plus dingue, c'est que le règne de la terreur de M. Sauveur a commencé AVANT le jour de la rentrée. Pendant les vacances d'été, ma mère a reçu une lettre de mon collège.

C'était un mot pour annoncer qu'on avait un nouveau principal, M. Sauveur, et qu'il organisait une réunion de prérentrée pour se présenter.

Max a ricané quand maman en a parlé.

– Vu tes notes, il va te falloir plus d'un « sauveur » pour passer en quatrième, a-t-il dit.

J'ai trouvé ça injuste de sa part. Je ne suis même pas le dernier de ma classe. Bon, c'est vrai, dans ma classe, il n'y a pas que des lumières. Je me suis toujours demandé comment Lenny Duval avait réussi à ENTRER en primaire, sans parler d'en sortir. L'année dernière, il a voulu faire semblant de s'électrocuter en cours de maths. On était en salle de techno, où il y a des paillasses avec des prises. Il a planté un compas en métal dans les trous en faisant comme s'il avait des convulsions. Autant dire qu'il a moins rigolé quand on l'a emmené à l'hôpital. L'odeur de viande grillée n'a jamais complètement disparu de l'endroit où il s'est électrocuté. En été, ça te donne l'impression d'être à un barbecue.

Enfin, il y a aussi des bons élèves dans ma classe. Et puis, l'année dernière, M. Ferra a marqué sur mon bulletin que j'étais « très imaginatif ». Je crois qu'il a ajouté que je « manquais de concentration », mais je ne me souviens plus bien. C'était ennuyeux, alors je n'ai pas lu le bulletin jusqu'au bout.

ZAZZZZZ...

De toute façon, la sixième, ça compte pour du beurre, alors je ne vois pas pourquoi j'aurais dû perdre les années les plus chouettes de ma vie à apprendre mes leçons.

Je suis sûr que mes parents regrettent de ne pas en avoir profité quand ils en avaient l'occasion, maintenant qu'ils sont coincés à faire des boulots barbants jusqu'à leur *mort*.

C'est ce que j'ai dit à ma mère quand elle a essayé de me pousser à réviser cet été, mais elle ne l'a pas très bien pris et j'ai été privé d'argent de poche pendant deux semaines. C'est dingue ce que les adultes sont susceptibles.

C'est sûrement parce que leur vie CRAINT. En plus, je ne vois pas ce qui inquiète ma mère parce que j'ai prévu d'étudier sérieusement quand ce sera important. Comme en troisième. Vers mai-juin. D'après ce que mon frère Max fait cette année, je devrais pouvoir m'offrir une petite pause pendant la seconde et me remettre au boulot l'année suivante pour le bac.

Rien que d'y penser, je suis déjà *épuisé*.

Bref, sur le moment, cette histoire de prérentrée ne m'a pas inquiété plus que ça. C'était un de ces trucs d'adultes ennuyeux, comme les réunions de parents d'élèves ou les fêtes de l'association des voisins auxquelles ma mère va. Il y a deux ans, je me suis laissé avoir et je l'ai accompagnée à « Apprenons à connaître nos voisins ! ». Habituellement, je fuis les endroits où les adultes se retrouvent autant que les petits pois.

J'ai horreur des petits pois. Quand j'étais en maternelle, mon oncle Norbert m'a raconté que c'étaient des yeux de grenouille et, depuis, je n'ai plus jamais réussi à en mettre un seul dans ma bouche. Maintenant, je sais que ce n'étaient que des histoires, mais ça ne change rien : quand ils sont dans mon assiette, j'ai l'impression qu'ils me regardent d'un air accusateur et ça me paralyse. C'est encore pire que les épinards-alien-malade.

Enfin, c'est Brian, qui habite dans le pavillon rose moche en bas de la rue, qui m'avait conseillé d'aller à « Apprenons à connaître nos voisins ! ». Il m'avait raconté qu'il allait y avoir un super-buffet et que c'était un plan génial pour s'empiffrer gratuitement du genre de trucs que nos mères n'achètent jamais.

Il me devait bien ça, parce que, en réalité, si ma mère avait jeté tout ce qu'il y avait de mangeable dans notre cuisine, c'était parce que la mère de Brian lui avait fait lire un livre sur la nourriture qui rend gros, aveugle et donne le cancer aux États-Unis.

Et si Brian n'avait pas été dans ma classe, sa mère n'aurait pas connu la mienne. Donc, c'était en quelque sorte SA faute si j'étais privé de chips, de biscuits, de bonbons et de tout ce qui fait que ça vaut la peine d'avoir un estomac.

Du coup, j'étais sûr que c'était la culpabilité qui l'avait poussé à me donner l'info et je ne me suis pas méfié.

Je me suis rendu compte plus tard que la mère de Brian lui avait filé cinq euros pour qu'il convainque des « jeunes de son âge » de venir. C'était elle qui dirigeait l'association des voisins et les seuls qui allaient à cette « fête » étaient des vieux et des gosses trop petits pour refuser qu'on leur pourrisse leur week-end.

Je me souviens de cette époque, où mes parents m'obligeaient à aller partout avec eux. Croyez-moi, c'était naze.

À la décharge de Brian, je dois reconnaître qu'il y avait vraiment un « buffet des voisins », même si ce n'était pas celui que j'espérais. Un buffet de crudités, avec du chou-fleur, des bâtonnets de carotte et de surimi.

À ce sujet, mon oncle Norbert jure que le surimi est fabriqué avec les tripes et les têtes des poissons qui sont trop décomposés pour aller dans la nourriture pour chat. Après le coup des petits pois, je ne suis pas sûr de pouvoir lui faire confiance côté nourriture, mais j'évite d'en manger. De toute façon, j'ai toujours trouvé ça louche que des bâtonnets de poisson puissent avoir un goût de crabe.

Après le fiasco d'« Apprenons à connaître nos voisins ! », je m'étais juré de ne plus m'approcher d'une réunion sans connaître le menu du buffet.

Mais, un après-midi, alors que j'étais tranquillement en train de jouer au *Ver de terre de l'espace*, ma mère m'a demandé d'éteindre la télé et de mettre mes chaussures pour aller au collège.

On était encore en AOÛT, alors j'ai d'abord cru qu'elle me faisait une blague. Et puis j'ai compris qu'elle avait l'intention de m'emmener à cette réunion de prérentrée débile.

J'ai essayé de lui expliquer que ce n'était fait que pour les parents, mais c'est là qu'elle a sorti la lettre de « Barnabé Sauveur, principal du collège Alphonse Allais ». Il « encourageait » les parents à amener leurs enfants avec eux. Il voulait qu'on « fasse connaissance » et qu'on se « familiarise avec la nouvelle politique de l'établissement ».

Avec le recul, je crois que c'est à ce moment-là que j'aurais dû sentir venir le désastre. Aucun principal normal ne veut « faire connaissance » avec les élèves de son collège. La précédente nous évitait autant qu'elle pouvait. Franchement, à sa place, j'aurais fait pareil : dans les couloirs, personne n'est jamais à l'abri d'une attaque de Vache qui rit volante ou d'un type faisant du skate les yeux bandés.

Mais non, M. Sauveur voulait nous RENCONTRER. Avant le mois de septembre.

Bref, si je n'avais pas été en train de pleurer ma partie de *Ver de terre de l'espace*, qui n'a pas de sauvegarde et que j'avais dû arrêter alors que j'avais enfin passé le niveau de la course d'astéroïdes de l'ENFER, j'aurais sûrement compris que cette prérentrée était le premier pas vers la pire chose qui pouvait m'arriver.

Le nouveau principal avait décidé de nous transformer en *bons élèves*.

CHAPITRE 2

J'ai essayé de persuader ma mère de me laisser l'attendre dans la voiture pendant la réunion, mais elle a dit que si elle devait y aller il n'y avait pas de raison que j'y échappe.

Mon collège n'est pas franchement un endroit classe. Je me souviens de la première fois que je suis venu. C'était avec mon instituteur de CM2. Je crois qu'il voulait nous rassurer en nous montrant l'endroit. C'est bien une idée d'adulte, ça. Il devait penser que ça allait être comme dans les séries télé où il y a des jeunes beaux qui discutent de trucs intéressants devant des casiers et font des numéros de danse et de chant dans les couloirs.

En fait, le seul truc qui ressemblait aux séries, c'était que les types qui nous avaient regardés passer en fumant devant le collège avaient l'air d'avoir au moins *vingt-cinq ans*. Sinon, il n'y avait pas de casiers, il y avait des tags sur les murs, et l'une des portes du premier étage tenait avec du Scotch. Je n'avais pas osé imaginer quel genre de créature l'avait arrachée du mur.

Le pire de tout, c'était les toilettes. Aucun d'entre nous n'a réussi à dépasser le premier lavabo : ça sentait tellement mauvais que l'air était comme SOLIDE. J'ai bien cru que j'allais mourir étouffé par l'odeur.

Finalement, on en était tous revenus beaucoup plus flippés qu'avant. Moi, la question qui m'inquiétait, c'était surtout comment faire pour me retenir d'aller aux toilettes pendant QUATRE ANS.

Une fois, j'ai vu un documentaire qui expliquait que les animaux s'adaptent à leur environnement naturel pour survivre. Il faut croire que c'est vrai aussi pour les sixième, parce que, après notre entrée au collège, tous les types de ma classe sont devenus des champions de l'apnée en moins de trois mois. Je ne sais pas comment sont les toilettes des filles mais, si ça continue comme ça, les garçons devraient pouvoir vivre sous l'eau d'ici à la troisième.

Je suis entré dans le collège avec ma mère. Le hall m'a paru beaucoup plus propre que l'année précédente, mais c'est sûrement parce qu'il n'y avait pas eu d'élèves pendant deux mois. Les gens de l'entretien avaient eu le temps de nettoyer, pour une fois.

Au fond de l'entrée, une flèche en carton portait l'inscription « Réunion de prérentrée » au feutre jaune. On a pris la direction qu'elle indiquait et on est arrivés dans le préau.

Il y avait plein de monde. Et, croyez-le ou pas, il n'y avait même pas une chaise pour s'asseoir, sans parler d'un truc à boire ou à grignoter pour faire passer le temps. J'ai essayé de repérer des gens que je connaissais et j'ai aperçu Brian, qui m'a fait un signe de la main. Il avait l'air soulagé de voir un visage connu, entouré comme il l'était par des troisième qui sentaient la cigarette et la sueur. Je m'attendais presque à ce que l'un d'entre eux sorte un antivol de son sac pour étrangler un de ses voisins avec, comme un de ces élèves fous dont on entend parfois parler aux infos.

J'ai essayé de rejoindre Brian, mais ma mère m'a retenu par le bras. Elle insistait pour que je reste à côté d'elle parce qu'elle ne voulait pas avoir à me chercher au moment de partir.

J'ai râlé un peu pour la forme, mais je n'ai pas bougé. Si j'étais allé voir Brian, il m'aurait raconté à coup sûr le tour de France qu'il fait à vélo avec ses parents chaque été. Franchement, c'est de plus en plus dur de faire semblant de m'intéresser à ses histoires de pneus crevés et de lapins écrasés sur le bord de la route.

Le seul truc vraiment cool quand je l'écoute parler de ses vacances, c'est de penser à la chance que j'ai d'avoir des parents qui tiennent à leur confort. Je dois dire que c'est quand je compare mes parents à ceux de certains de mes amis que je les aime le plus.

Par contre, ma mère a perdu beaucoup de points dans mon estime quand j'ai regardé les autres élèves autour de moi.

À part Brian, il n'y avait presque PERSONNE que je connaissais. Clairement, les parents des autres cinquième ne les avaient pas forcés à venir, *eux*.

Je l'ai fait remarquer à ma mère, mais je n'ai pas dû être assez subtil en laissant entendre qu'elle allait devoir faire un peu plus d'efforts pour devenir parent de l'année parce qu'elle n'a pas paru ravie. Elle m'a chuchoté que ça ne l'amusait pas non plus d'être là et qu'on réglerait ça à la maison.

J'ai trouvé que ça sentait salement la semaine de corvée de vaisselle.

La plupart des parents de mes copains les PRIVENT de trucs pour les punir. Les miens me font faire PLUS de choses. Ma mère trouve ça constructif. Je crois qu'elle est juste contente d'avoir une excuse pour transformer ses enfants en ESCLAVES.

Je n'avais pas envie d'énerver encore plus ma mère et de me retrouver à passer AUSSI la serpillière jusqu'à la fin des vacances, alors je me suis mis à regarder les gens autour de moi, histoire de m'occuper.

Les parents des troisième avaient l'air bizarrement normaux, si on considérait à quel point la plupart de leurs enfants étaient flippants.

J'étais sûr qu'un de ces types pouvait te TUER pour l'avoir regardé une seconde de trop.

C'est alors que j'ai vu David Corday. C'était le seul troisième dont je connaissais le nom et, vu l'espace qu'il y avait entre lui et le reste des élèves, les autres se souvenaient aussi de lui. Je n'étais pas étonné qu'il ait redoublé, mais j'étais surpris qu'il ait pu revenir au collège. Je n'étais pas sûr de ce qui s'était passé, mais on racontait qu'il avait poignardé son prof de maths avec un compas l'année précédente. Je me suis dit que M. Sauveur ne devait pas être au courant qu'il y avait des poignardeurs de profs parmi ses élèves, sinon il ne nous aurait sans doute pas invités à la réunion de prérentrée. Les profs, eux, le savaient. D'ailleurs, ils étaient regroupés près de la porte qui donne sur la cour et ils nous regardaient comme s'ils se préparaient à s'enfuir du préau à tout moment.

Et puis un type est arrivé et il a bousculé tout le monde pour les rejoindre. Il était petit avec les cheveux coupés en brosse. Il portait une cravate rayée et des chaussures vernies avec un costume brun du style de ceux de mon grand-père sur les photos de sa jeunesse.

Il s'est mis devant les autres profs et il s'est raclé la gorge, alors j'ai compris que c'était lui, le principal. Il ne m'a pas franchement impressionné.

En fait, j'étais sûr que c'était le genre de principal que tout le monde appellerait rapidement « Simplet » ou « Prof » et qu'on n'entendrait pas un mot de son discours, avec le boucan qu'il y avait.

Mais, quand il a ouvert la bouche, tout le monde s'est tu en moins de temps qu'il n'en faut pour crier « En retenue ! ».

M. Sauveur parlait drôlement fort. Même les profs avaient l'air impressionnés.

Il s'est présenté. Après ça, il a parlé des résultats du brevet de l'année dernière. C'est à ce moment-là que j'ai arrêté d'écouter. J'ai passé mentalement en revue ma dernière partie du *Ver de terre de l'espace* pour voir comment améliorer mon temps dans la course d'astéroïdes. J'ai quand même entendu assez du discours du principal pour comprendre que pas mal de troisième de l'année dernière étaient toujours au collège.

Apparemment, la plupart d'entre eux étaient plus près de passer dans *Crétin express* que dans *Gros lot pour un cerveau*.

Cette réunion était INTERMINABLE. J'ai eu le temps de faire les huit niveaux de mon jeu dans ma tête et je commençais à avoir sérieusement mal aux pieds. Sans compter qu'avec tout ce monde il faisait une chaleur horrible et que j'aurais juré que quelqu'un près de moi avait oublié de mettre du déodorant. Mais le principal était *toujours* en train de parler d'un Programme en quinze points ou je sais pas quoi.

VOICI LES 15 POINTS !

Quand il a eu ENFIN fini, je m'ennuyais tellement que j'étais à deux doigts de tomber dans le coma.

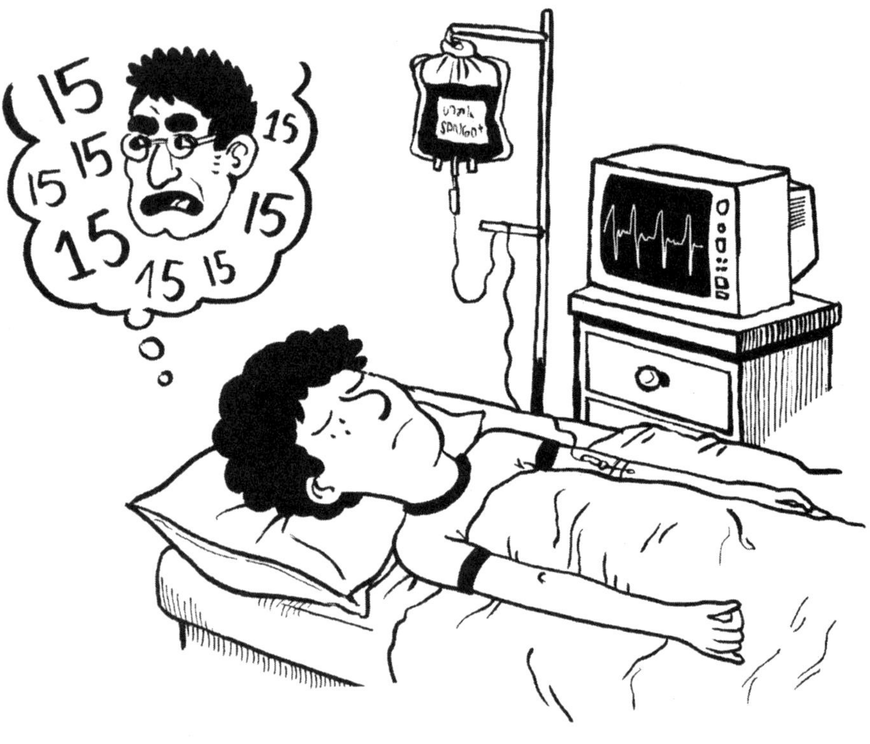

Plusieurs profs se sont présentés. Je me suis détendu en pensant à la glace fraise-chocolat que j'allais manger en rentrant à la maison. Et, là, le principal a balancé un truc dingue.

Il a annoncé que, grâce à son programme, il allait faire d'Alphonse Allais le *meilleur collège de France*.

Sur le moment, j'ai cru que c'était pour rigoler. Que c'était un genre d'humour de prof. Mais aucun adulte n'a ri.

En fait, vous n'allez pas me croire, mais des gens ont APPLAUDI. Ma mère a même déclaré que c'était formidable d'avoir enfin un principal qui « agissait ».

C'est là que j'ai senti que ma cinquième n'allait pas se passer comme prévu.

J'ai un peu regretté de ne pas avoir écouté le discours de M. Sauveur, parce que j'avais le sentiment que son « Programme en quinze points » contenait des trucs HORRIBLES.

Pour être honnête, ce nouveau principal me fichait déjà les jetons.

CHAPITRE 3

Quand mon frère a entendu parler du programme pour faire d'Alphonse Allais le *meilleur collège de France*, il a rigolé tellement fort que le soda qu'il était en train de boire lui est sorti par le nez. D'après lui, on aurait déjà de la chance si toute ma classe arrivait jusqu'au lycée. Même mon père a levé les sourcils de cette façon qui signifie « pas moyen » en langage de vieux. Je sais que j'aurais dû être vexé, mais en fait sa réaction m'a plutôt rassuré. Transformer Alphonse Allais en bon collège, sans parler d'en faire le *meilleur collège de France*, était impossible. Genre inventer un arbre à hot dogs : impossible.

Je continue de chercher quand même, pour l'arbre. On a le droit de rêver.

Enfin bref, ma mère, elle, n'arrêtait pas de répéter à quel point mon nouveau principal était FORMIDABLE et NOVATEUR et qu'il pouvait « arriver à quelque chose ». Elle en a même parlé au téléphone avec la mère de Brian. Je ne savais pas ce que « novateur » veut dire, mais j'avais l'impression que c'était un compliment, alors je m'attendais au pire. J'ai essayé d'écouter ce qu'elle racontait pour en savoir plus sur le Programme en quinze points de l'horreur, mais ça m'angoissait tellement que j'ai commencé à avoir mal au ventre. Après, mon cœur s'est mis à battre hyper vite et j'ai eu peur de faire une crise cardiaque. Du coup, j'ai décidé de laisser tomber et de ne plus penser à M. Sauveur jusqu'à la rentrée. Sinon, le stress allait avoir ma peau avant.

Le jour de la rentrée, j'avais presque réussi à oublier tout ça. Ma mère m'a obligé à partir au collège en AVANCE parce qu'elle ne voulait pas que je fasse « mauvaise impression ». Elle ne m'a pas écouté quand je lui ai dit que la moitié des élèves de ma classe arrivait toujours au moins dix minutes en retard. La plupart de mes profs de l'année dernière s'étaient mis à faire l'appel à la fin de leur cours parce qu'ils en avaient marre d'ajouter des « présents » après coup.

Mais bon, comme c'était la rentrée, on ne commençait qu'à 9 heures, donc ce n'était pas très grave. En plus, le premier jour, on remplit seulement un genre de fiche pour se présenter. À part ça, le prof principal raconte des trucs que personne n'écoute et on va chercher nos livres au CDI. Ça prend une heure et demie au maximum.

La rentrée est mon jour préféré de l'année.

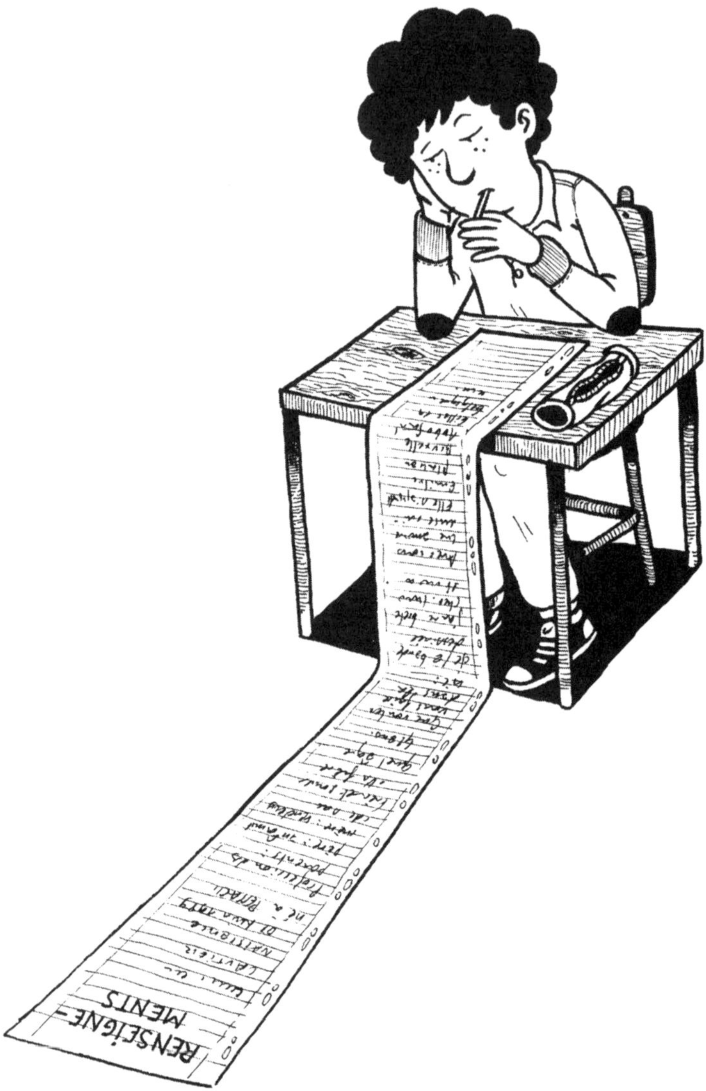

Quand je suis arrivé, il y avait déjà du monde devant le collège. J'ai repéré un petit groupe de gens de ma classe juste devant l'entrée. Au moment où je me suis approché d'eux, Karl

Duchemin a pointé le doigt vers le hall d'entrée. Karl a toujours l'air d'avoir trouvé ses fringues dans la poubelle de ses arrière-grands-parents.

Brian dit que c'est pas sympa de ma part de le faire remarquer, mais c'est VRAI. Les parents de Karl sont communistes. Apparemment, ils sont contre les trucs de l'économie ou je sais pas quoi et, du coup, il porte que des fringues qui datent de la PRÉHISTOIRE. Même moi qui suis pas calé en mode, je m'en rends compte.

Je me suis encore rapproché pour mieux voir.

Il y avait une banderole en plastique accrochée sur le mur du fond du hall, juste face à la porte :

– C'est quoi, ce truc ? j'ai demandé.

Ça ressemblait à un de ces machins incompréhensibles que disent les vieux sages dans les dessins animés japonais.

Karl a haussé les épaules.

– Il y en a PARTOUT dans le collège avec des phrases différentes. Je crois que ça fait partie du plan du principal.

Vu sa tête, j'aurais juré qu'il parlait du plan diabolique de Dark Vador pour conquérir l'Univers plutôt que du « Programme en quinze points » de M. Sauveur.

Karl a commencé à me raconter ses vacances, qui étaient encore PIRES que celles de Brian. Il les avait passées avec ses parents et ses deux frères, Vladimir et Joseph, chez un ami de son père. Il y avait genre *dix personnes* qui vivaient déjà chez ce type. Karl avait dû dormir avec ses frères dans le même lit et manger du chou et des pommes de terre pendant deux mois. Il avait passé son temps à planter des trucs dans un grand jardin et il avait eu le droit de se laver une fois par semaine dans une bassine dehors. Je pensais qu'il se payait ma tête, mais il m'a juré qu'il n'y avait même pas de TOILETTES, seulement un tas de légumes pourris et de mauvaises herbes pour quand on avait besoin d'y aller.

Le plus bizarre, dans cette histoire, c'est qu'il a essayé de me faire croire qu'il avait trouvé ses vacances cool, à part les millions de moustiques. Il a remonté la jambe de son pantalon pour me montrer ses piqûres, et heureusement que mon petit déjeuner était déjà loin dans mon estomac parce que c'était pas joli à voir. On aurait juré qu'il avait la peste bubonique de la jambe ou quelque chose comme ça.

D'ailleurs, son pantalon ne valait pas tellement mieux que ce qu'il y avait en dessous. Il était en *velours côtelé marron*, la préhistoire de la mode, je vous dis ! Je n'aurais même pas su ce que c'était si mon père n'avait pas essayé de me refiler des fringues de sa jeunesse qui traînaient dans un placard à la maison. Mais moi, j'ai tout de suite expliqué à mon père que je préférais aller au collège en *slip de bain* plutôt que de porter cette horreur.

Il y a eu la sonnerie et on est allés dans le préau pour voir dans quelle salle on avait cours. Le panneau d'affichage était vachement plus grand qu'avant. Il prenait tout le mur du fond du préau et, quand on s'est approchés, j'ai remarqué qu'il n'y avait qu'une petite partie réservée aux annonces. J'étais dans la même classe que Karl et Brian.

Mais, ensuite, j'ai regardé à côté des annonces. Cette partie du tableau d'affichage s'appelait CLASSEMENTS.

Un pan du tableau présentait un classement individuel pour chaque classe. Sur un autre, il y avait un découpage par niveaux et, sur un troisième, il y avait un « Classement global », suivi de cases vides numérotées de un à cent.

– C'est ce que je crois ? m'a interrogé Karl, l'air presque effrayé.

Eh oui, c'était bien ça, un

CAUCHEMAR

Moi, je m'en fichais pas mal de savoir si j'étais douzième ou dix-huitième de ma classe. J'étais presque sûr qu'à part Brian et Hasna, qui sont toujours dans les premiers, les autres s'en moquaient aussi. Mais pas nos parents. Quand je donne mes notes, je précise à ma mère que *tout le monde* a eu de mauvaises notes. Je sais que c'est pas très honnête, mais un 11, ça fait plus d'argent de poche quand ça surnage au-dessus d'une mer de 5 que quand c'est perdu derrière tout plein d'« entre 12 et 20 ».

La plus mauvaise note et la meilleure de la classe sont marquées sur le bulletin de fin de trimestre, mais ma mère n'y fait jamais attention. Du coup, elle croit que je suis dans la « bonne moyenne », ce qui sonne beaucoup mieux que « moyenne moyenne ».

Avec le nouveau classement, tout le monde saurait exactement où j'étais. Pour le classement global, je m'en faisais pas trop. Si ça concernait vraiment les cent meilleurs élèves de tout le collège, il n'y avait aucune chance pour que j'apparaisse dedans.

– Dis, il fait partie du « Programme en quinze points » aussi, ce classement ? j'ai interrogé Karl.

– Je sais pas, j'ai pas pu venir à la réunion de prérentrée. J'étais à un meeting politique avec mes parents pour pulvériser les bourgeois et le capital. C'est Brian qui m'a parlé des quinze points.

Il a un peu grimacé en prononçant les deux derniers mots. Ensuite, il est allé poser des questions aux autres, dans le préau, pour savoir quelles horreurs on devrait encore affronter. Je n'ai pas eu le courage de lui avouer que j'étais à la réunion et que je n'avais rien écouté.

D'ailleurs, je regrettais de ne pas avoir fait attention pendant que le principal parlait de son programme. Cette rentrée aurait mérité un peu de préparation psychologique parce que je sentais que si la journée continuait comme elle avait commencé, les chocs successifs allaient finir par me traumatiser. Franchement, j'étais pas sûr de réussir à m'en remettre.

Les classements et les banderoles (Karl avait raison : il y en avait PARTOUT) faisaient froid dans le dos. Mais si vous pensez que le principal s'était arrêté là, c'est que vous ne connaissez pas M. Sauveur.

On s'était installés dans la salle de maths, devenue la salle « Le succès, c'est tomber sept fois, se relever huit », quand Gonzague est arrivé en courant.

Il avait l'air drôlement secoué. Quand il a réussi à reprendre son souffle, il a insisté pour qu'on aille voir les toilettes. Personne n'a voulu bouger, alors il a ajouté qu'elles étaient *propres*.

D'abord, on a pensé qu'il se payait notre tête. Gonzague passe son temps à faire des blagues et à se prendre des punitions en essayant d'être drôle. Mais il avait l'air sérieux, alors on a fini par aller voir.

C'était VRAI.

En entrant dans les toilettes, j'ai retenu ma respiration par habitude. Mais, quand j'ai repris mon souffle, ça sentait le *désinfectant à la lavande*.

– Hé ! Les gars, je crois bien que je vois mon reflet dans le lavabo, a soufflé Karl.

J'ai eu trop peur pour aller vérifier. Je sais que ça a l'air de pas grand-chose, mais c'était tellement propre que ça ressemblait aux toilettes d'un univers parallèle. Il ne manquait que l'alien caché dans une cuvette attendant de surgir pour nous dévorer quand on aurait baissé notre garde.

Au-dessus des lavabos, quelqu'un avait scotché une feuille protégée par une pochette en plastique.

« La saleté, c'est
maladie et absences assurées ! :-(
Lavons-nous les mains
pour réussir nos examens ! :-) »

Je l'ai lue deux fois et j'ai eu un super mauvais pressentiment. Un peu le même genre d'impression que quand je suis devant un énoncé pendant un contrôle et que je me rends compte que je ne comprends pas tous les mots. Karl m'a confié qu'il n'arriverait sûrement plus à aller aux toilettes au collège et j'étais plutôt d'accord avec lui.

De retour en classe, je me suis installé à la table la plus proche de la porte, histoire de ne pas perdre de temps en partant. Quand j'ai regardé autour de moi, ça m'a fait bizarre parce que, à part une ou deux personnes, ma classe était pareille que l'année dernière. Et que l'année d'avant.

En fait, c'était presque la même classe que quand j'étais entré en MATERNELLE. Il n'y avait personne que je détestais spécialement, mais c'était un peu décourageant. Je veux dire, toutes ces années d'efforts et tu as l'impression que rien n'a vraiment changé dans ta vie.

Tout d'un coup, il y a eu un bruit ATROCE super aigu :

Ensuite, on a entendu la voix du principal. On s'est tous retournés, mais il n'y avait PERSONNE. C'était *hyper flippant*.

Mais, là, Hasna a pointé un truc du doigt : il y avait un genre de haut-parleur accroché dans un coin.

Je dois avouer que ça m'a soulagé. Je ne crois pas que j'aurais pu le supporter si le principal avait eu des pouvoirs magiques en plus de tout le reste. Je me suis imaginé en train de jouer à la console en ayant peur qu'il apparaisse chez moi comme ça, pouf !, pour me rappeler de réviser mes leçons. L'angoisse...

Le principal s'est présenté ENCORE une fois. Ensuite, il a tenu à nous faire passer un dernier « message d'encouragement ». Il a annoncé que tout allait changer et que notre collège ne serait plus jamais comme avant. Il a ajouté que la base de tout était la discipline et l'effort. Il a expliqué que la société était une *jungle* et qu'il fallait savoir se battre pour survivre avec la loi du plus fort, parce que l'homme est un loup qui mange d'autres loups ou je sais pas quoi. Après, il a parlé de la CRISE. Je ne sais pas exactement ce que ça signifie, à part que maman s'en sert comme excuse quand elle ne veut pas m'acheter un truc. Elle prétend aussi que c'est à cause de la « crise » si elle n'augmente plus mon argent de poche depuis deux ans, mais je trouve tout ça plutôt louche.

Le principal, lui, a dit que quand on sortirait de l'école on serait précipités dans « le monde de l'emploi » et qu'aujourd'hui la recherche de travail était comme une GUERRE.

La vérité, c'est que je me suis senti un peu perdu quand il a commencé à parler des armes qu'il allait nous donner pour gagner la guerre. À l'écouter, le collège, c'était genre *World of Warcraft*, mais en plus sanglant.

Son discours a duré au moins un quart d'heure. Apparemment, son Programme en quinze points allait faire de nous des adultes et nous conduire vers la réussite. Je pensais que connaître le Programme m'aiderait à me préparer aux épreuves à venir, parce qu'elles avaient l'air atroces, mais ça m'a juste fait encore plus peur. J'ai oublié plein de points, mais il y avait : renforcer la motivation, plus de devoirs maison, plus de préparation aux examens, plus d'évaluations, plus d'encadrement, et un truc sur un corps sain grâce à la nourriture et au sport (j'ai pas vu le rapport avec les contrôles, mais ça avait sûrement un lien avec les batailles où on devra tuer tous nos amis pour avoir un travail et un avenir).

Finalement, le principal nous a souhaité une bonne année et puis il y a eu un son assez perçant pour rendre sourds tous les chiens à dix kilomètres à la ronde avant que le haut-parleur s'éteigne. J'ai discrètement passé la main sur mes oreilles pour vérifier que rien n'avait éclaté dans mon cerveau. D'après ce que j'avais compris, j'allais en avoir besoin pour survivre à cette année.

Je ne me sentais pas du tout encouragé.

Notre prof principal est enfin arrivé. Il ressemblait à ces types que ma mère me montre parfois dans la rue en me disant que je finirai comme ça si je ne me tiens pas droit. Je dois admettre que quand je le regardais ça me faisait réfléchir. Il allait falloir que je fasse plus d'efforts pour me redresser si je ne voulais pas moi aussi terminer ma vie tête à tête avec mes pieds.

Le prof s'est présenté et il a écrit son nom au tableau en faisant crisser la craie. C'était M. Gacq, le prof de maths. Je ne trouvais pas qu'il avait l'air du genre de personne qui pourrait nous conduire sur le chemin de la réussite.

Gonzague a tout à coup fait remarquer très fort que le prof avait des chaussettes « de malade ».

C'était vrai. Le bas de son pantalon était relevé par des pinces comme en met mon père quand il va au bureau à vélo. Il avait une chaussette orange à droite et une chaussette Tom et Jerry à gauche. Et maintenant que je l'avais vu, j'avais du mal à regarder autre chose.

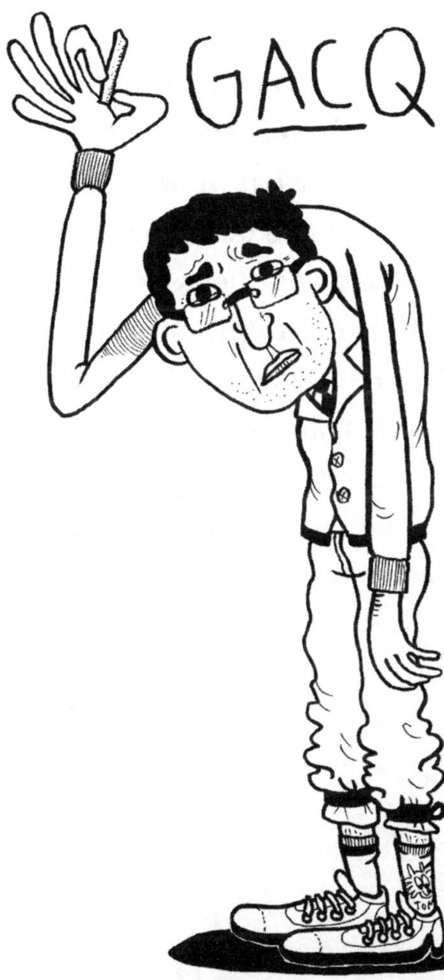

Je pensais que Gonzague allait se prendre une colle, mais le prof a fait semblant de ne rien avoir entendu. Il a demandé à tout le monde de sortir une feuille pour faire une fiche. On devait donner des informations sur nous et dire ce qu'on voulait faire plus tard. J'ai changé plusieurs fois ma réponse avant de me décider. J'ai pensé à explorateur, mais ça avait l'air plutôt fatigant. Il y a aussi ces types qui travaillent secrètement pour le gouvernement et qui essayent de contacter des extraterrestres. J'en avais vu à la télévision. Ils passent toute la journée derrière leur ordinateur à attendre un signe des aliens en mangeant des beignets. C'était tout à fait le genre de boulot qu'il me fallait. Finalement, j'ai écrit « joueur de jeux vidéo professionnel-chercheur d'aliens ». Comme ce sont des métiers plutôt souples au niveau des horaires, il devait être possible de faire les deux en même temps.

J'avais un peu traîné et j'ai été le dernier à rendre ma fiche. J'ai regardé ma montre et il s'était à peine écoulé une demi-heure depuis que le prof était arrivé. Si on allait chercher nos livres maintenant, je serais rentré à temps pour regarder *Atax, sauveur de l'Univers* à la télé.

Mais, là, le prof a annoncé qu'on allait faire une ÉVALUATION pour former des groupes. Je pense que les autres élèves avaient eu les mêmes infos que moi sur le déroulement du premier jour de cinquième parce que tout le monde a protesté. Karl s'est levé pour dire que c'était une violation des droits des élèves de faire des contrôles-surprise le premier jour et qu'il refusait de céder à l'oppression.

Je n'ai pas compris tous les mots qu'il a prononcés, mais j'ai eu l'impression qu'il était contre l'évaluation, lui aussi.

– Ouais, c'est vrai ! j'ai dit en me penchant sur mon bureau pour que le prof ne sache pas que c'était moi.

M. Gacq a marmonné que l'évaluation était l'idée du principal et qu'il ne pouvait pas l'annuler. Il nous a distribué des feuilles imprimées.

J'ai tout de suite senti venir la cata. Le cahier de vacances que ma mère avait acheté au supermarché du coin n'avait pas quitté le tiroir de mon bureau de tout l'été. Après mes deux mois de jeux vidéo, je me rappelais à peine combien font deux plus deux. Alors, la division et l'aire du triangle, je vous raconte pas.

Il y avait des exercices des DEUX côtés de la feuille. J'ai examiné les énoncés. C'était comme des messages codés : je lisais les mots et les chiffres, mais je ne comprenais rien du tout. J'ai tourné la feuille pour voir si ça changeait quelque chose, mais le résultat a été plutôt décevant.

Finalement, le test a pris au moins *une heure*. Je n'ai pas réussi à faire la moitié des exercices et je n'aurais pas parié mon déjeuner sur mes réponses.

En plus, en géométrie, j'ai dû refaire mon parallélépipède six fois. Forcément, ça a laissé des traces et le papier s'est un peu déchiré. J'espérais que le prof serait sympa dans ses notes. Après tout, ce n'était pas très cool de sa part de nous avoir donné une interro-surprise le premier jour, même si c'était un ordre du principal. J'ai écrit un petit mot dans la marge près de mon parallélépipède pour le lui rappeler.

Quand le test a enfin été fini, le prof nous a envoyés au CDI pour prendre nos livres. Ensuite, on pourrait rentrer chez nous. J'étais de nettement moins bonne humeur qu'avant et j'ai eu le sentiment que je n'étais pas le seul.

On est tous partis au CDI. Hasna avait apporté un Caddie en tissu écossais qui ressemblait au truc avec lequel ma grand-mère fait les courses. Tous les garçons se sont payé sa tête, et elle a dit qu'on ferait moins les malins plus tard.

Elle avait raison. Dès qu'on est arrivés au CDI, la documentaliste a donné une pile de bouquins GIGANTESQUE à chacun d'entre nous.

C'était DEUX FOIS PIRE que l'année d'avant. J'ai cru que c'était encore un coup du principal, mais Hasna a prétendu que c'était normal d'avoir plus de livres d'une année sur l'autre.

J'ai cru que ma pile n'allait jamais rentrer dans mon sac et, quand je l'ai remis sur mon dos, il était tellement lourd que j'ai été tenté de vérifier que quelqu'un ne s'était pas caché dedans pendant que je regardais ailleurs.

Je suis parti avec Brian et Karl. On marchait super lentement et un peu en zigzag à cause de la *tonne* qu'on avait sur le dos. C'est là qu'Hasna nous a dépassés avec son Caddie écossais.

J'ai failli la supplier de me laisser mettre mon sac dedans. Si j'ai résisté, c'est juste parce que je ne voulais pas perdre ma dignité devant les autres. Vu comme on est partis, il y a des chances pour qu'on soit ensemble jusqu'à l'UNIVERSITÉ.

N'empêche que, l'année prochaine, personne ne pourra m'empêcher d'emprunter le Caddie de mamie pour porter ces saletés de bouquins.

Et puis, alors que j'étais en train de me dire que cette première journée de cinquième ne pouvait pas devenir pire qu'elle ne l'était déjà, Brian a lâché une bombe.

Sa mère avait été impressionnée par le discours du principal et elle voulait suivre ses conseils pour « partir du bon pied ». Elle lui cherchait des *profs particuliers*.

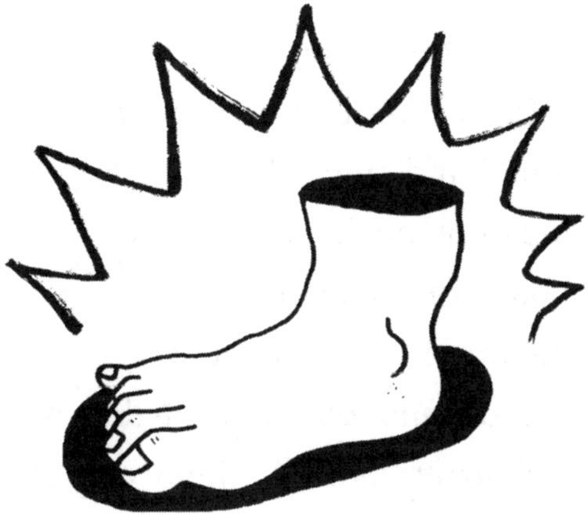

Des profs qui donnent des cours APRÈS LA CLASSE, pendant les heures où on est censés faire des trucs sympas comme jouer à la console ou regarder des vidéos sur Internet.

Je n'avais jamais rencontré personne qui avait eu un prof particulier. Karl, lui, n'avait emménagé dans le quartier qu'en CM1, et il avait entendu parler d'un type qui en avait dans son ancienne école.

– Ses parents l'ont d'abord obligé à prendre des cours avec un prof de maths, ensuite un prof de français..., nous a-t-il expliqué. Au bout de quelques mois, il avait aussi des cours de piano dans une école de musique. Il ne pouvait plus s'amuser ou aller aux anniversaires. Je ne vous parle même pas de dormir chez ses potes.

– Et après, qu'est-ce qu'il lui est arrivé ? a demandé Brian, l'air un peu effrayé.

– Un jour, il a disparu. L'année d'après, il n'est pas revenu et on ne l'a jamais revu.

Karl a haussé les épaules.

– Il a dû mourir d'épuisement.

Brian est devenu tout pâle. Il a dit à Karl d'arrêter de le charrier, mais j'ai bien vu qu'il avait la frousse. Il devait déjà s'imaginer en train de rendre son dernier souffle devant une pile de devoirs supplémentaires.

Je ne sais pas exactement à quoi ça ressemble, de mourir d'épuisement, mais je suis prêt à parier que ce n'est pas joli à voir.

La vérité, c'est que moi non plus je n'en menais pas large.

Parce que le pire, dans cette histoire, c'est que, quand la mère de Brian fait quelque chose, la mienne l'imite.

Si elle entendait parler de ces cours particuliers, j'étais FICHU.

COURS
PARTICULIERS

CHAPITRE 4

Vous pensez sûrement que ce premier jour a été l'angoisse totale. Eh bien, le reste de la semaine n'a pas été mieux. On a eu des tests d'évaluation pour former des groupes de niveaux dans TOUTES les matières, même en MUSIQUE où on a été obligés de jouer *Petit Papa Noël* à la flûte chacun à notre tour.

Si vous n'avez jamais entendu *Petit Papa Noël* à la flûte vingt-neuf fois de suite, vous ne savez pas ce que c'est que l'enfer. La prof de musique a avalé au moins une boîte de médicaments contre le mal de tête pendant la séance. J'ai cru qu'elle allait se mettre à pleurer quand Karl a joué sur la vieille flûte en bois fendue de son père – « Pierre Duchemin, CM2 » est encore marqué dessus au feutre.

Ses parents trouvent que « quand c'est pas cassé, c'est pas la peine de racheter ». Après cette expérience, je ne suis pas sûr d'être d'accord là-dessus.

On nous a aussi distribué des cahiers « En route vers la réussite ! » avec des colonnes d'évaluation pour chaque matière. Les profs nous mettent des lettres à la place des notes parce que c'est censé être pour notre « enrichissement », et pas pour les points.

Je ne sais pas ce qu'a bu le gamin qui rigole sur la couverture. Je ne vois vraiment pas QUI aurait envie de rire en ouvrant un de ces cahiers. En plus, on nous en a donné tellement qu'ils ne rentraient pas dans le tiroir de mon bureau à la maison et, comme ils se ressemblaient tous, je n'apportais jamais les bons en cours. J'étais sûr qu'entre les cahiers « En route vers la réussite ! », les livres et nos cours on serait tous aussi bossus que le prof de maths avant d'être arrivés au lycée.

M. Sauveur n'avait pas menti : tout avait changé au collège. Même la cantine était devenue naze. Il y avait un panneau « Le déjeuner du champion !!! » à l'endroit où on faisait la queue, avec des idées de menus plus dégueu les uns que les autres.

Il y avait des petites étiquettes en plastique plantées devant chaque plat avec des trucs comme « Ami du cerveau ! », « Mémoire ! » ou « Concentration ! » écrits dessus.

Tous les plats sympas s'étaient fait la malle à l'arrivée du principal. Terminé le cordon bleu bien gras, les macaronis au fromage trop cuits et la mousse au chocolat aux conservateurs. Maintenant, on avait des légumes vapeur, du poisson et de la salade de fruits.

Il y avait aussi beaucoup plus de profs et de surveillants présents dans la salle. Je ne m'étais pas pris un seul petit-suisse-collé-au-plafond sur la tête depuis la rentrée.

L'heure du déjeuner, c'était franchement la déprime.

Et la cantine, les tests et les cahiers n'étaient même pas ce que le principal avait trouvé de pire pour nous pourrir notre cinquième. Il y avait aussi PLEIN de devoirs.

Alors que je pensais déjà que le collège était devenu l'endroit le plus craignos de la PLANÈTE, la prof de français nous a annoncé qu'on allait devoir apprendre une poésie toutes les deux semaines pour « entraîner notre mémoire ».

Sur le moment, j'étais certain que Mme Li était un démon venu sur terre parce qu'elle détestait les collégiens ou un truc comme ça. En fait, il paraît que c'est le principal qui a eu cette idée. Hasna jure qu'elle a entendu notre prof de français se plaindre à la prof de SVT que le principal essayait de nous rendre bons élèves avec la méthode japonaise qui pousse les enfants au suicide. Hasna prétend qu'elle a ajouté qu'avec de la chance, on serait tous morts avant la fin de l'année et qu'elle pourrait partir plus tôt à son stage de surf, mais je crois qu'elle invente.

Franchement, je ne vois pas qui avalerait qu'un PROF soit encore en état de faire des trucs de jeunes comme du surf.

En tout cas, Karl était super remonté. Je pense aussi qu'il en a fait trois tonnes parce qu'il en pince pour Hasna, même s'il serait devenu un bourgeois plutôt que de l'avouer. Il a dit que le principal, c'était genre Voldemort et qu'il voulait nous laver le cerveau et nous transformer en zombies pour nous empêcher de « penser par nous-mêmes ». D'après lui, c'était un plan diabolique du gouvernement pour nous exploiter facilement quand on serait grands.

Je dois reconnaître qu'il m'arrive souvent de ne pas comprendre ce que Karl raconte. Parfois, je ne suis pas certain qu'il se comprenne lui-même.

Il a proposé qu'on menace de se suicider comme les enfants japonais pour qu'on nous laisse tranquilles. L'idée ne m'a pas franchement emballé.

Hasna n'a pas paru convaincue non plus. Elle n'était pas sûre que les adultes nous prendraient au sérieux. Karl a répondu que c'était facile de se suicider et qu'il suffisait de boire l'eau du caniveau parce qu'elle pouvait nous rendre malades et nous tuer.

– Laisse tomber, lui a répondu Hasna. Je ne boirais pas d'eau du caniveau, même pour un million d'euros, et le principal doit s'en douter.

Moi, la seule façon de se tuer que je connaissais, c'était de mettre les doigts dans les prises (d'après l'expérience de Lenny Duval, y planter un compas ne suffisait pas). Ma mère a fait mettre des sécurités enfant sur celles de ma chambre et il me faut trois heures à chaque fois pour réussir à brancher un truc.

De toute façon, ça m'aurait étonné que mes doigts rentrent encore dans les trous, et j'étais certain que le principal s'en douterait aussi.

CHAPITRE 5

Finalement, Karl a décidé de trouver des gens et de « lancer une action ». Un truc où on n'aurait pas à lécher le sol pour tomber malade ou à retenir notre respiration jusqu'à ce que le principal cède. Un soir, il m'a appelé pour m'annoncer qu'on allait faire la grève de la poésie : pendant le cours de français, plein d'élèves refuseraient de réciter en signe de protestation.

Ça m'a paru plutôt bien comme plan, surtout qu'on était censés apprendre une fable de La Fontaine et que je n'avais rien réussi à retenir à part que c'était une histoire de bestioles qui se disputent et finissent par se manger entre elles.

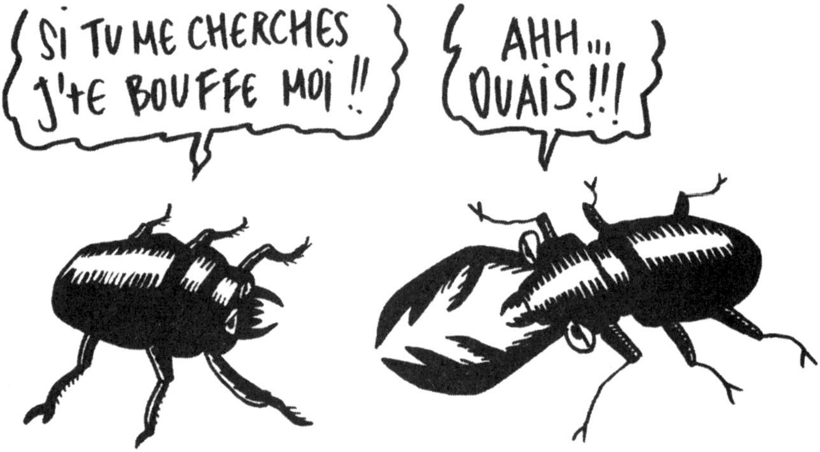

D'après Karl, si presque toute la classe se mettait en grève, la prof ne pourrait pas nous punir parce qu'on serait la majorité. Apparemment, la majorité a toujours raison parce qu'on est en démocratie ou je sais pas quoi.

En réalité, ça ne s'est pas tout à fait passé comme prévu.

Au début, notre action a marché comme un randonneur. Gonzague, qui est toujours le premier interrogé à cause de son nom en « A », s'est levé et a déclaré qu'il n'avait pas appris sa poésie pour résister à l'oppression. Karl l'a imité en ajoutant que c'était un geste politique.

J'attendais que mon mal de ventre se calme un peu pour me lever aussi, mais Mme Li a demandé à Karl et à Gonzague de se rasseoir. Ensuite, elle a interrogé la personne suivante et Claire-Lise Ardit a récité sa fable comme si de rien n'était.

En fait, on n'était que CINQ à ne pas avoir appris notre poésie. J'ai trouvé que les autres manquaient vraiment de sens de la solidarité. Ils ne pensent qu'à leurs notes. Hasna est venue nous expliquer après coup qu'elle voulait devenir médecin et que, même si elle aurait préféré qu'il y ait moins de devoirs pour travailler sur ses « révisions perso », elle ne ferait rien qui risquerait de « pourrir son dossier ».

Brian, lui, s'est dégonflé au dernier moment, parce qu'il avait peur de terminer en prison comme la sœur de Kevin de quatrième 2.

Je me souvenais d'elle. Elle était devenue célèbre, quand j'étais encore en CP, pour avoir lancé des cannettes vides sur le maire, venu dans notre école pour nous parler des élections. J'avais entendu dire qu'après, elle faisait des tags et ce genre de trucs. Je ne sais pas exactement pourquoi on l'avait arrêtée. Kevin avait des poings comme des briques et la tête presque aussi dure, alors personne n'avait osé lui poser la question.

Je n'aurais jamais pensé que la grève de la poésie puisse mener à la prison, mais j'avoue que l'idée m'a un peu fichu la trouille.

Après tout, mon bouquin d'histoire était plein de types qui avaient fini en cellule ou EXÉCUTÉS à cause de la politique. Je me suis demandé si c'était raisonnable de me mêler de ces histoires...

Ça m'a encore plus inquiété quand, au lieu de nous punir tout de suite, Mme Li a décidé de réfléchir à ce qu'elle « allait faire de nous ».

Je crois qu'elle voulait juste nous faire flipper, parce que, en fin de compte, elle nous a mis deux heures de colle chacun. Seulement, elle a attendu le LENDEMAIN pour nous l'annoncer. J'avais passé toute la nuit à imaginer comment avouer à mes parents que j'allais terminer ma vie enroulé dans du papier journal sous un pont parce que je ne pourrais pas finir le collège pour survivre dans la jungle du monde du travail.

C'est sûrement parce que j'étais trop crevé pour réfléchir que j'ai suivi Karl quand il m'a dit qu'on devait parler. On s'est retrouvés dans un coin de la cour après la cantine, avec Brian, Hasna et Gonzague. Il y avait aussi Théophile, le meilleur ami de Gonzague. Théophile, lui, n'est pas du genre à raconter des blagues. D'ailleurs, il est tellement différent de Gonzague qu'on se demande comment ils sont devenus potes.

En fait, Théophile est un peu spécial. Spécial, dans le style pitié-ne-me-laissez-pas-seul-avec-lui. Je pense que Karl en voulait à Gonzague de l'avoir amené à notre réunion, mais il n'a pas osé le dire. Théophile raconte à tout le monde qu'il peut voir les « auras ». Personne ne sait exactement ce que c'est, mais la rumeur prétend qu'il lit dans les pensées et jette des malédictions.

Il porte d'énormes lunettes en plastique rouge avec une ficelle qui fait comme un collier attaché aux branches pour ne pas les perdre. Ça craint un max, mais personne ne veut prendre le risque de se moquer de lui.

Il paraît que s'il les enlève il suffit qu'il regarde quelqu'un droit dans les yeux pour que le type tombe raide MORT.

Évidemment, je suis trop vieux pour croire à des trucs pareils. Mais j'essaye quand même d'être toujours du côté de Théophile.

Juste au cas où.

– Il faut qu'on fasse une pétition pour que le principal nous rende notre vie au collège comme elle était avant, a tout de suite déclaré Karl.

J'ai répondu que, vu ce que la grève de la poésie avait donné, il n'allait pas falloir compter sur moi.

– Cette fois-ci, on ne risque rien, a répondu Karl. La pétition va être ANONYME. Comme il n'y aura pas nos vrais noms, personne ne saura que c'est nous et on ne sera pas punis.

J'ai trouvé ça plutôt logique.

Alors Hasna a dit qu'il nous fallait des arguments pour que notre pétition soit prise au sérieux. Sur ce coup-là, elle acceptait de participer parce qu'elle pouvait imiter l'écriture de quelqu'un. J'espérais que ce serait pas la mienne.

Personne n'avait trop d'arguments, à part Hasna, qui voulait qu'on mette que c'était plus facile d'apprendre des choses en lisant des livres qu'en faisant des tonnes de devoirs. Du coup, Gonzague a sorti son téléphone pour chercher des idées sur Internet. Karl a fait la grimace et a objecté que ces téléphones étaient fabriqués par des enfants pauvres qui mouraient de la pollution dans des mines.

Ça ne l'a pas empêché de regarder l'écran et de conseiller à Gonzague de chercher « travail » et « danger » ou « maladie ». Il pensait que le travail était mauvais pour la santé. Gonzague s'est moqué de lui, mais Karl a répondu que si le travail était bon pour la santé, ça ne serait pas aussi fatigant. Aucun d'entre nous n'avait jamais réfléchi à ça, et on a été plutôt impressionnés. C'est vrai, si le travail était une bonne chose, pourquoi est-ce que je n'arrêtais pas de bâiller pendant les cours ? Je ne bâillais JAMAIS quand je regardais la télé ou que je jouais aux jeux vidéo. Ça m'a fait penser que les cours de maths étaient les pires de tous. Peut-être même qu'ils donnaient le cancer du cerveau ou un truc comme ça.

Si on l'expliquait au principal, il comprendrait qu'il fallait qu'il arrête son programme. Parce que même si la vie d'adulte ressemble à l'épreuve de la survie dans *L'Île de la famine*, que mon père regarde tous les étés à la télé, il voulait probablement qu'on survive au collège.

Je pensais qu'on aurait du mal à trouver des arguments sur Internet, mais, apparemment, le travail rend VRAIMENT malade. Un article affirmait même qu'« un travail ennuyeux peut mener au burn-out et être néfaste pour la santé ». Aucun d'entre nous ne savait ce qu'est un « burn-out », mais ça avait l'air hyper grave. Et, tout à coup, Hasna s'est rappelé que « *burn* » c'était « brûler » en anglais.

Là, Théophile a raconté qu'il avait entendu parler de ça. Parfois des gens prennent feu sans aucune raison et MEURENT brûlés. Quand ça t'arrive, il paraît que tu te transformes en petit tas de cendres et de vêtements. Par contre, il ne se souvenait pas que ça concernait les gens qui travaillent trop.

Je n'ai pas compris comment une information pareille avait pu lui sortir de la tête, parce que, moi, je n'étais pas près de l'oublier. Et j'étais presque sûr qu'elle m'éviterait pas mal de corvées, à l'avenir.

Théophile, lui, n'a pas paru inquiet. En fait, il était plutôt intéressé par le burn-out, alors que nous autres on pétait de trouille.

– Vous savez s'il faut travailler vraiment très dur pour avoir un burn-out ? a demandé Brian.

L'article ne disait rien là-dessus. Sur le coup, j'ai eu franchement pitié de Brian. C'était de loin lui et Hasna qui étudiaient le plus parmi nous, donc ils couraient beaucoup plus de risques. Avec mes 11,25 de moyenne en sixième, je me sentais à peu près à l'abri.

Enfin, si le Programme en quinze points ne nous transformait pas tous en chipolatas au feu de bois d'ici à la fin de l'année.

On a fait une liste des choses importantes à mettre dans la pétition. Comme d'habitude, Karl avait des idées un peu extrêmes et je trouvais que son influence se voyait pas mal sur le texte final. Une fois qu'on a été d'accord, Brian l'a mis au propre en lettres bâtons pour qu'on ne reconnaisse pas son écriture, et on a signé. Je me suis demandé si certains noms n'allaient pas éveiller les soupçons du principal, mais je me suis dit que ça devrait aller. Quand il entendrait parler du burn-out, il n'aurait aucune raison de ne pas laisser le collège redevenir comme avant.

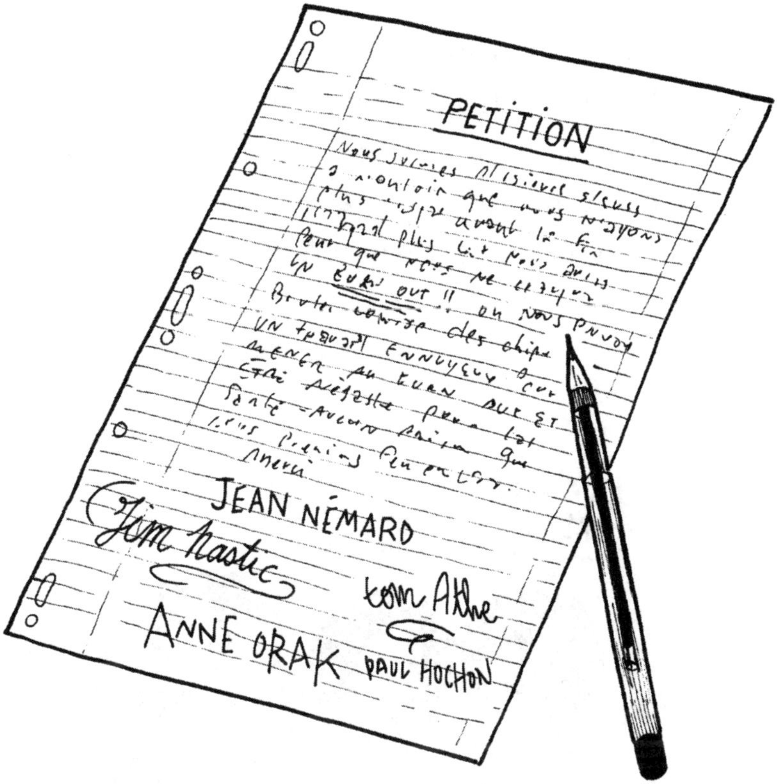

Je pensais qu'on allait envoyer la pétition par la poste, mais Karl préférait qu'on la mette directement dans le bureau du principal pour être sûr qu'il l'ait. Il avait peur que Mme Berthelot, la CPE, la jette à la poubelle si elle tombait dessus.

J'étais d'accord avec lui, jusqu'à ce qu'il décide de tirer à la courte paille pour savoir qui irait porter la pétition.

Il a pris des morceaux de papier dans une main et il nous en a fait choisir chacun un.

Je vous laisse deviner qui a tiré le plus petit bout. Des fois, je suis tellement malchanceux que j'ai l'impression que l'Univers essaye de se débarrasser de moi.

CHAPITRE 6

J'ai attendu la fin des cours pour aller porter la pétition. Elle ne faisait qu'une page parce qu'on n'avait pas trouvé beaucoup de gens pour la signer, mais j'avais l'impression d'avoir une enclume dans mon sac (et, pour une fois, ce n'était pas le livre d'histoire-géo). Gonzague avait fait remarquer qu'on pouvait signer autant de fois qu'on voulait, mais Karl tenait à ce qu'on soit « réglos » et à ce qu'il n'y ait qu'une signature par personne.

Étant donné qu'on utilisait des faux noms, j'avoue que j'avais un peu de mal à suivre ses principes moraux, mais j'ai préféré ne pas le contrarier.

Le bureau du principal est au bout du couloir de droite, au premier étage, après la salle des profs et celle de la photocopieuse. J'ai monté l'escalier très lentement. Ensuite, je me suis collé contre le mur et j'ai attendu, pour être certain que personne ne risquait de me voir. Je me préparais à passer devant la salle des profs façon ninja, mais j'avais l'impression d'entendre des bruits bizarres et des pas dans l'escalier qui cassaient mon élan à chaque fois que j'allais me lancer. En fait, je n'ai vu personne, alors ça devait être le stress qui me donnait des hallucinations. J'ai envisagé de mettre la pétition au fond d'une poubelle et de dire à Karl que je l'avais donnée au principal. Personne ne pourrait prouver le contraire.

Mais j'ai pensé aux pouvoirs de Théophile et je n'ai pas osé. S'il lisait dans la tête des gens, j'étais fichu. Karl me réduirait en saucisses cocktail s'il se rendait compte que je m'étais débarrassé de la pétition.

Du coup, j'ai pris une grande inspiration et je suis passé devant la salle des profs d'un seul bond.

J'ai essayé de sauter le plus silencieusement possible. J'ai failli me casser la figure et j'ai eu l'horrible impression que je ressemblais plus à une Barbie ballerine avec une jambe dans le plâtre qu'à un ninja, mais personne n'est sorti de la salle.

D'ailleurs, peut-être qu'elle était vide, mais je n'avais pas le courage de vérifier.

Je me suis penché pour essayer d'apercevoir la porte du bureau du principal. C'est là que je me suis rendu compte qu'elle était OUVERTE et que le principal était à l'intérieur. Il me tournait le dos et il gesticulait bizarrement en écoutant de la musique avec un casque.

S'il me prenait avec la pétition, j'étais plus cuit qu'une carotte vapeur.

J'avoue que j'ai eu un moment de panique.

J'ai sorti la pétition de mon sac et j'ai foncé vers le bureau du principal pour la lancer avant

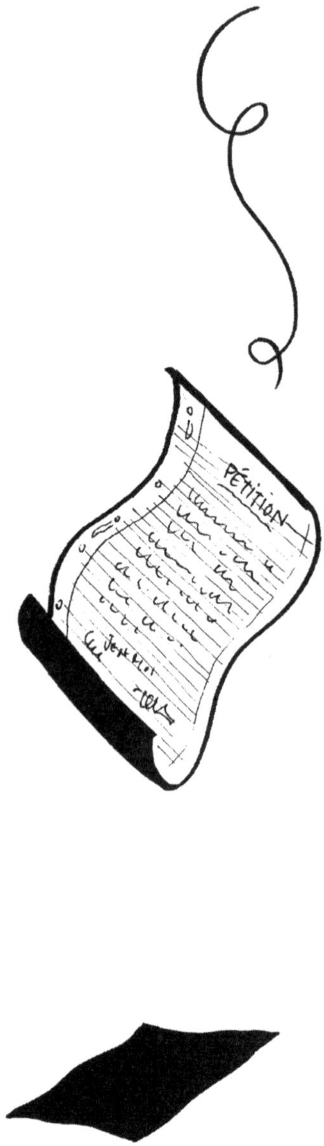

de faire demi-tour en direction de l'escalier sans m'arrêter. Au moment de descendre, j'ai jeté un coup d'œil derrière moi. La pétition était retombée à au moins DEUX MÈTRES de la porte.

J'avais oublié que les feuilles de papier ont tendance à faire du surplace quand on les lance.

J'aurais sans doute dû enrouler la pétition autour d'une pierre ou la planter sur une flèche, mais ça aurait beaucoup compliqué les choses. J'aurais aussi eu peur que le principal ne le prenne pas très bien. Dans mon souvenir, quand on te lance des pierres ou des flèches avec des messages, dans les films, on te demande toujours de l'argent à un moment ou à un autre.

Je n'aurais pas été contre un peu plus d'argent de poche, mais l'opération me semblait présenter trop de risques.

Je suis parti. Ce n'était pas comme si le principal pouvait sortir de la pièce sans remarquer cette grande feuille au milieu du couloir. Il la ramasserait au moins pour la mettre dans l'une des poubelles « tri papier » qui étaient apparues partout dans le collège à la rentrée.

Avec un peu de chance, il lirait ce qu'il y avait dessus.

Sinon, ce ne serait pas ma faute. Je n'allais quand même pas retourner sur mes pas et risquer ma peau pour faire glisser la feuille plus près du bureau de M. Sauveur. Je n'avais pas l'impression qu'il allait apprécier la pétition qui réclamait son renvoi et je n'avais pas franchement envie de me faire coller pour les MILLE ANS à venir.

Je n'ai plus entendu parler de la pétition jusqu'au jour du « rattrapage poésie ».

Je pensais être débarrassé de cette saleté de poésie avec les heures de colle, mais ça non plus, ça n'a pas marché comme prévu.

J'avais passé la nuit à essayer de retenir cette fable interminable et je n'étais déjà pas en superforme, mais, quand je suis arrivé en cours de français (dans la salle « La défaite est un pont vers la victoire »), la situation a encore empiré.

Karl, qui était derrière moi, est devenu tout pâle.

– Tu vois ce que je vois ? m'a-t-il demandé.

Je le voyais.

Le principal était en train de discuter avec Mme Li. S'il y a un truc qui donne des cauchemars à un collégien, c'est bien son principal dans SA classe en train de discuter avec un de ses profs. C'est comme un signe annonçant l'Apocalypse.

Ou une punition.

J'ai essayé de me convaincre qu'il était venu coller Gonzague pour une de ses plaisanteries débiles ou nous parler de nos évaluations.

Mais, au fond de moi, je savais qu'il ne pouvait être là que pour une seule raison.

Il savait que c'était MOI qui avais mis la pétition devant son bureau.

Il DEVAIT le savoir. J'étais FICHU.

Je commençais à me demander si j'avais une chance d'atteindre la fenêtre avant qu'il m'attrape et de sauter du deuxième étage sans me faire trop mal, quand la sonnerie du début des cours a retenti. Je suis allé m'asseoir. De toute façon, je n'avais aucun endroit où me cacher : mes parents ne sont pas du tout compréhensifs, et j'étais sûr qu'ils n'hésiteraient pas à livrer leur propre fils au principal s'ils apprenaient ce que j'avais fait.

Le principal s'est tourné vers nous. Il voulait nous écouter réciter nos poèmes et nous a encouragés à faire comme s'il n'était pas là.

Je ne vois vraiment pas comment on aurait pu faire ça.

En fait, j'ai eu une micro-seconde de soulagement en n'entendant pas le mot « pétition », avant de comprendre ce qu'il venait de dire.

Il allait nous écouter réciter nos fables.

Qu'est-ce qui aurait pu être PIRE que de réciter une fable devant toute sa classe, sa prof de français ET le principal ?

Enfin, à part de devenir le type-qui-a-fait-une-pétition-contre-le-principal-et-qui-est-collé-jusqu'à-la-fin-de-sa-vie.

Je ne sais pas si je vous en ai parlé, mais je gère mal le stress.

Genre, super-hyper-méga mal.

Quand j'étais en CM2, mon école avait participé à un concours de critiques de livres. J'avais été tiré au sort pour faire le présentateur et remettre les prix. Ça avait été horrible. J'étais tellement stressé que je voyais flou et je n'arrivais pas à lire les noms des gagnants sur le papier que mon institutrice m'avait donné. J'avais paniqué et appelé la première personne qui m'était venue à l'esprit.

Je crois qu'Hasna m'en veut toujours un peu de l'avoir fait monter sur la scène pour rien. Elle avait même poussé un de ces cris ridicules de fille qui gagne un truc et elle avait déjà commencé son discours de remerciement quand la présidente du jury a signalé que je m'étais trompé.

Mais ce n'était pas comme si c'était MA faute. Mon institutrice m'avait conseillé d'imaginer les gens en sous-vêtements pour ne pas avoir le trac. Honnêtement, je ne sais pas qui pourrait se sentir mieux face à une foule d'adultes en petite tenue en train de le regarder. En fait, je n'aurais pas dû essayer parce que je crois que je n'arriverai plus jamais à oublier l'image mentale du vieux directeur de mon école primaire en caleçon de TOUTE MA VIE.

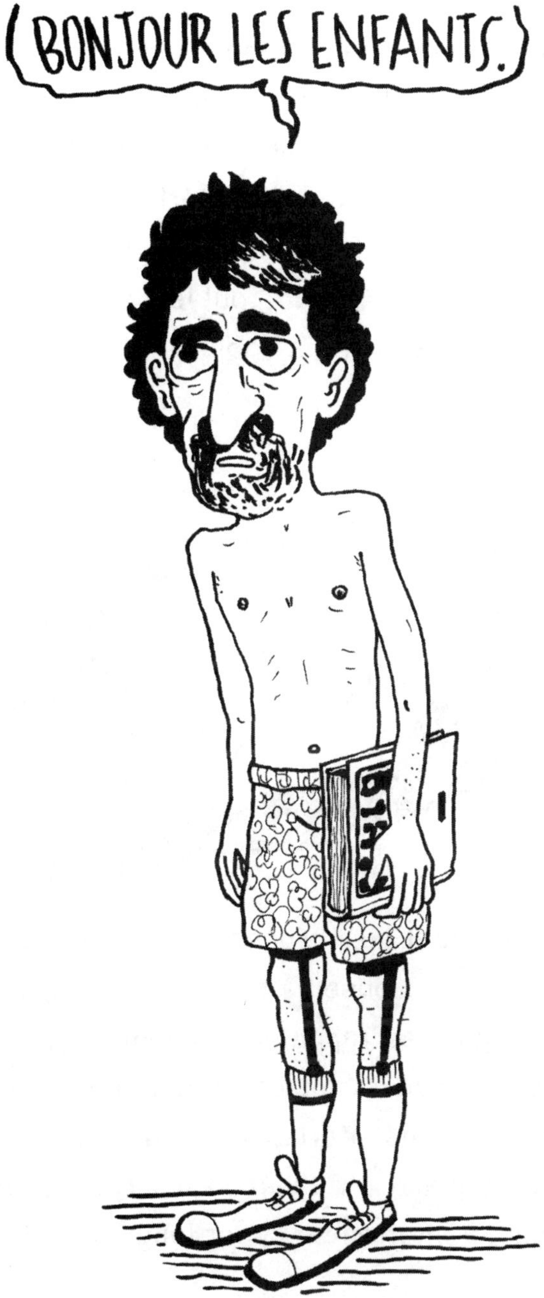
BONJOUR LES ENFANTS.

Enfin, bref, j'étais l'avant-dernier à réciter ma poésie devant le principal, et c'était l'angoisse. Ceux qui passaient avant moi avaient l'air d'avoir envie de s'enfuir, eux aussi. Karl a même annoncé que le titre de sa fable était *Le Loup et le Gigot* au lieu du *Loup et l'Agneau*. Tout le monde s'est payé sa tête. Même la prof a rigolé.

Le principal, lui, n'a pas trouvé ça marrant. Il l'a repris et lui a conseillé d'avoir des images dans sa tête pour se rappeler le poème. Clairement, son truc ne marchait pas mieux que celui des sous-vêtements : Karl a encore dit « gigot » deux fois à la place d'« agneau », et il a eu un fou rire qui l'a interrompu super longtemps. Il a mis presque vingt minutes à réciter sa fable et même le principal commençait à être sérieusement en mode veille. Je voyais ses paupières se baisser et se relever comme de vieux stores cassés, jusqu'à ce qu'il se tourne vers la fenêtre qui donne sur un des marronniers de la cour, comme si elle était très intéressante.

Quand Karl a eu terminé, le principal a regardé sa montre et j'ai cru qu'il allait partir, mais il n'a pas bougé de sa chaise.

J'ai l'impression que, « principal », c'est pas trop mal comme boulot. S'ils n'ont rien de mieux à faire que nous écouter réciter des poèmes, ils doivent avoir plein de temps libre même s'il ont une façon BIZARRE de l'utiliser.

Enfin, c'est chacun ses goûts, comme dit mon père. Mais écouter des élèves réciter n'importe quoi en ricanant, ça ne faisait pas franchement rêver. À moins que le principal n'ait un genre de maladie rare comme on en voit à la télé qui lui fasse aimer entendre des élèves se tromper.

Après tout, ma tante Yvette adore faire des coussins en noyaux de cerise. C'est *vraiment* louche comme hobby. Le pire, c'est qu'elle se trimballe tout l'été avec une boîte en fer et qu'elle oblige tous ceux qui mangent des cerises à mettre leurs noyaux dedans. J'essaye de garder ma main le plus loin possible de la boîte quand je le fais. Ça me rend un peu nauséeux de penser à ces noyaux pleins de salive qui attendent cachés au fond de la boîte qu'un pauvre type les touche par accident. Je pense que je ne suis pas le seul, parce qu'elle a offert un de ses coussins à mon père l'année dernière et qu'il l'a rangé direct à la cave dès qu'elle a été partie. Il a dit qu'il préférait ne pas penser à tout l'ADN qu'il y avait là-dedans.

Enfin, bref, pour en revenir au poème, les autres se sont tous bien plantés. Quand mon tour est arrivé, j'étais tellement flippé que je me suis mis à tousser pour faire croire que j'avais une extinction de voix. Ma toux n'a pas dû être assez convaincante parce que la prof m'a dit de me dépêcher avec le genre de ton qu'elle prend pour envoyer des élèves chez la CPE.

J'ai arrêté de tousser et j'ai essayé cette histoire d'image. Mon poème parlait d'une belette et d'un lapin qui se font MANGER par un chat.

Je n'avais jamais rencontré de belette. Brian m'avait expliqué que c'est une sorte de rat gigantesque avec des griffes ÉNORMES et des dents tellement longues qu'elles lui sortent de la bouche. Il paraît qu'il y en a en France. En tout cas, je suis pas près de dormir la fenêtre ouverte.

La scène dans ma tête s'est transformée en film d'horreur en moins de cinq secondes. J'avais déjà du mal à réciter cette saleté de fable avant, mais là c'était comme si le chat avait badigeonné ma mémoire de tartare de belette et de pâté de petit lapin.

La Fontaine, c'est super gore avec les images.

J'ai dû avoir une expression bizarre (se retenir de vomir en public, c'est pas facile) parce que la prof m'a demandé si j'allais bien. Et puis, ça a été le trou noir. Je n'arrivais plus à me souvenir d'une seule ligne de ce massacre.

Finalement, Mme Li m'a laissé m'asseoir.

Je suis presque sûr que j'ai eu zéro. Parce que je ne crois pas que les sons qui étaient sortis de ma bouche comptaient comme des mots.

Hasna jure que j'ai bavé aussi, mais je parie qu'elle ment.

Enfin je l'espère parce que, si mon surnom doit devenir « la Limace », j'aime autant rester « la Belle au bois dormant ». Question de fierté.

Quand le dernier élève a terminé son poème, le principal s'est levé. J'ai pensé que je n'avais plus rien à craindre pour la pétition, mais à ce moment-là, il a annoncé qu'il l'avait trouvée devant son bureau.

J'ai bien cru que notre dernière heure était arrivée. Brian avait l'air tout prêt à défendre sa vie jusqu'au bout avec son équerre et son compas. Heureusement, le principal a déclaré que connaître les coupables ne l'intéressait pas.

Je crois qu'on s'est sentis soulagés genre une demi-seconde. Parce que, ensuite, il a ajouté qu'on ferait mieux de ne pas perdre notre temps avec des blagues et de se mettre tout de suite à réviser pour les évaluations mensuelles.

Apparemment, on allait avoir d'AUTRES évaluations.

Une fois par mois.

Toute l'année.

Jusqu'au LYCÉE.

Enfin, si on survivait jusque-là.

CHAPITRE 7

Je suis rentré à la maison complètement démoralisé. Et ce n'était pas à cause de la fable sur le chat tueur en série.

J'avais à peine entamé mon deuxième paquet de cookies au chocolat trempés dans de la pâte à tartiner pour me consoler quand ma mère m'a appelé.

Je précise que c'est de la pâte à tartiner bio sans huile de palme. D'après la mère de Brian, celle-là, on peut en manger à condition que ce soit « exceptionnel ». Du coup, je me dépêche de finir le pot quand ma mère en achète, parce qu'on ne sait jamais quand on en reverra.

Ma mère travaille souvent à l'extérieur, mais il lui arrive de ramener des dossiers à la maison. Dans ces cas-là, Max et moi n'avons pas le droit de poser un pied dans son bureau. Elle dit qu'il ne faut pas qu'on croie qu'elle est disponible juste parce qu'elle est là.

Ça, c'est une façon de vieux de te faire comprendre que, même si tu es en train de mourir de faim ou que tu te vides de ton sang après t'être amputé un doigt en coupant du pain, il ne faut pas compter sur son aide avant 18 heures.

Du coup, j'ai eu un très mauvais pressentiment quand elle m'a appelé. J'ai caché le pot de pâte à tartiner dans le four pour éviter que Max ne le finisse et je suis allé dans le bureau. J'ai jeté un coup d'œil sur l'écran de l'ordinateur de ma mère. Elle regardait RÉU-site, le nouveau site du collège sur lequel les profs mettent nos notes et les messages aux parents.

J'ai eu un moment de panique en pensant que mon zéro en poésie était déjà en ligne. J'aurais préféré avoir plus de temps pour préparer psychologiquement mes parents à ce petit accident de parcours. Mais ma mère m'a seulement montré un message du principal.

Il disait qu'à partir de lundi il y aurait des cours supplémentaires par niveaux après la classe. Apparemment, ils avaient fait des groupes à partir des évaluations de début d'année : le groupe « En difficulté », le groupe « Moyen » et le groupe « Avancé ».

J'étais dans le groupe « Moyen » et ma mère avait l'air plutôt soulagée.

Moi, je m'en fichais. Ce qui comptait, c'était qu'il y avait des jours où j'allais terminer à 18 heures.

J'avais l'impression d'être un de ces enfants de pays pauvres qui fabriquent des chaussures dans des conditions inhumaines dont Karl parle tout le temps. Je veux dire, quel genre de *monstre* oblige des cinquième à rester en cours jusqu'à 18 heures ?

Ma mère, elle, était ravie. Elle a dit que ça lui éviterait d'avoir à chercher des profs particuliers et que ce n'était pas plus mal parce que ça « coûte un rein » et qu'on ne sait jamais sur qui on va tomber.

Je suis allé chercher le paquet de cookies entamé et le pot de pâte à tartiner. J'ai aussi pris un soda et une tablette de chocolat parce que j'avais au moins besoin de ça pour amortir le choc. Ensuite, je suis monté dans ma chambre.

SO DA
COLA
CHOKO
TRUFFES
NUT
MIAM MIAM
PEPITOU
GÂTEAUX

J'avoue que j'ai un peu pleuré, mais c'était un cas extrême.

Ce principal voulait notre peau !

Et si on ne faisait rien pour l'arrêter, il aurait tous nos corps brûlés par le burn-out empaillés dans un coin de son bureau avant la fin de l'année.

Le lendemain, on avait EPS en première heure. Je suis arrivé en retard, alors je n'ai pas pu parler avec les autres. À la tête qu'ils faisaient, c'était clair qu'ils pensaient aux cours supplémentaires, eux aussi.

Je ne suis pas un génie de la corde lisse, mais ce jour-là je n'arrivais pas à me concentrer et mon corps pesait trois tonnes. Je n'ai pas réussi à me hisser à plus de un mètre au-dessus du sol.

Je soupçonnais que les brocolis que j'avais mangés au dîner la veille avaient été de trop après les deux paquets de biscuits et la tablette de chocolat. Mes parents ne m'écoutent jamais quand je dis que j'ai plus faim et ils m'obligent à terminer mon assiette à chaque coup.

Après, il faut pas s'étonner si je suis nul en EPS.

À la fin du cours, on a rangé la salle et Karl m'a fait signe de le suivre. On s'est discrètement glissés derrière les tatamis. Hasna, Théophile et Gonzague étaient déjà là.

– Il faut qu'on se bouge et vite, a annoncé Karl.

Quand Hasna a demandé ce qu'on pouvait faire, il a parlé d'une action comme dans un film de super-héros pour empêcher notre principal de pourrir notre collège.

Je crois qu'il s'imaginait qu'il allait être genre chef de la bande de Robin des bois et qu'on allait risquer notre vie pour détruire le Programme en quinze points du principal.

Si c'était ça, il rêvait un peu, parce que, à part Théophile, qui est tellement bizarre qu'on ne sait pas ce dont il est capable, je pense qu'on voulait tous vivre. Ce n'est pas que ma vie soit géniale ou quoi que ce soit, mais j'aimerais bien rester sur terre assez longtemps pour faire des trucs qui comptent. Comme inventer un jeu vidéo révolutionnaire, sauter en parachute ou participer à un concours du plus gros mangeur de hamburgers. Je crois bien que ce type de concours n'existe qu'en Amérique. Il paraît que tous ces hamburgers sont GRATUITS et qu'on te donne plein d'argent si tu termines premier. Je suis presque sûr que c'est de ce genre de truc que parlent les films qui te racontent qu'aux États-Unis les rêves deviennent réalité.

Les autres étaient aussi plutôt tièdes. Théophile a fait son regard fixe qui fiche la trouille parce qu'on ne peut pas savoir à coup sûr s'il regarde dans ta tête, s'il voit le futur ou s'il est juste en train de réfléchir.

– Karl a raison, on doit agir, a-t-il finalement déclaré.

J'avais envie de lui demander s'il avait eu une vision, mais j'ai pas osé.

– Je ferai rien du tout si ça risque de finir sur mon dossier, a ajouté Hasna.

– T'inquiète pas, il faut juste qu'on trouve un moyen d'arrêter les cours de soutien sans se faire prendre, a répondu Karl.

Sur ce coup-là, même Gonzague n'avait pas l'air convaincu.

– Si on y va pas, on va se faire coller et ça ne changera rien, a-t-il observé.

J'étais bien d'accord et je ne voulais pas imaginer jusqu'à quelle heure on resterait au collège si on était collés EN PLUS des cours supplémentaires.

Ou le savon que je me prendrais si j'étais encore puni. Le coup de la grève de la poésie m'avait déjà coûté un mois d'argent de poche.

Tout d'un coup, on a entendu une voix :

– Il y a sûrement quelque chose à faire en utilisant le site du collège.

J'ai eu la peur de ma vie, mais c'était seulement Florine. Je ne l'avais pas remarquée jusqu'ici, mais elle était en train de lire un livre sur le cheval-d'arçons. Florine est un peu spéciale. Pas spéciale comme Théophile, juste... spéciale. Elle est arrivée dans notre classe l'année dernière. Elle porte toujours des grandes robes noires comme dans des films historiques et elle ne parle pas à beaucoup de gens. Elle est tout le temps en train de lire, même pendant les cours. Elle est aussi dispensée de sport et personne ne sait pourquoi.

J'étais vraiment étonné qu'elle se mêle de cette histoire de lutte des collégiens. Mais, après ça, elle s'est remise à lire sans rien ajouter.

Karl a réfléchi.

– On peut peut-être envoyer un nouveau message aux parents par le RÉU-site pour annuler les cours supplémentaires.

J'ai fait remarquer que ça ne fonctionnerait pas longtemps parce que le principal préviendrait tout de suite les parents que c'était un faux message.

En plus, il nous fallait quelqu'un de balèze en informatique.

– On ne gagne pas la guerre en une fois. Ce qui compte, c'est de gagner une bataille, a décrété Karl.

D'après lui, faire annuler un jour de cours supplémentaire, c'était déjà une victoire. Il voulait que Florine rejoigne la « lutte contre l'oppression », mais elle a refusé parce que c'était trop d'efforts et qu'elle n'avait pas que ça à faire.

Karl était déçu, mais il n'a pas insisté. Moi non plus, je ne pensais pas que Florine changerait d'avis. Ce n'est pas le genre de personne qui se préoccupe du malheur des autres ou qui accepte de se sacrifier pour le bien du collège.

Enfin, bon, le problème, maintenant qu'on avait un plan, c'était qu'il nous fallait quelqu'un pour l'exécuter. J'ai cru qu'on n'arriverait à rien, surtout qu'on était déjà en retard pour le cours de géo. Mais Gonzague s'est souvenu queThéophile était plutôt bon avec les ordinateurs et qu'il pourrait « hacker » le site.

Apparemment, Théophile est aussi télépathe des ordinateurs ou je sais pas trop quoi.

Il a réfléchi un moment avant d'accepter :

– Sans problème, les gars, je m'en occupe dimanche.

Karl n'a pas eu l'air convaincu, mais il n'a pas osé le contredire.

Personnellement, j'étais surtout content que cette histoire ne me retombe pas dessus, pour une fois. Si Théophile voulait participer, c'était tant mieux. En plus, pour vaincre M. Sauveur, il nous fallait au moins un type avec des pouvoirs flippants.

CHAPITRE 8

Pendant le week-end, j'ai commencé à avoir des doutes sur les super-pouvoirs de Théophile en matière d'ordinateur, mais dimanche soir ma mère a reçu un mail du collège : les cours supplémentaires étaient reportés à la semaine suivante à cause de problèmes d'emploi du temps.

C'était tellement bien fait que j'aurais presque cru à un VRAI e-mail du collège qui ressemblait par hasard à notre plan.

Quand je suis arrivé au collège, lundi matin, tout le monde était rassemblé dans l'entrée. Il y avait un grand tableau noir en face de la porte, avec marqué dessus « RECTIFICATIF : LES COURS DE SOUTIEN SONT MAINTENUS ».

J'étais déçu. D'un autre côté, je me suis senti un peu soulagé. C'était presque comme si on n'avait rien fait, donc on ne risquait pas d'être punis trop sévèrement. Des surveillants sont arrivés et nous ont crié d'aller dans la cour. J'ai aperçu Karl qui levait deux doigts en rigolant.

Je n'ai pas compris pourquoi il faisait des oreilles de lapin à un moment pareil. Ça devait sûrement être un truc politique.

Les profs et le principal étaient dans la cour. Les surveillants nous ont rassemblés façon troupeau de moutons autour d'eux. M. Sauveur a attendu que tout le monde soit là pour parler. Il n'arrêtait pas de lisser son costume marron avec ses deux mains. Pour tout dire, il paraissait plutôt de mauvaise humeur.

Il y a des gens qui sont comme ça, le matin. Par exemple, je ne vous conseille pas d'adresser la parole à mon frère Max avant 9 heures si vous tenez à vos dix doigts.

Max est ceinture verte de karaté. Je sais que « ceinture verte », c'est pas franchement flippant.

Pourtant, je vous jure que ça suffit pour faire hyper mal aux autres.

Quand il a pris la parole, le principal a expliqué que quelqu'un s'était introduit sur le site du collège et avait envoyé un faux e-mail pour annuler les cours supplémentaires. J'ai entendu des types murmurer que c'était trop la classe d'avoir piraté le RÉU-site et, sur le moment, je me suis senti assez fier.

Mais, ensuite, le principal a dit qu'il attendait que le coupable se dénonce. Il a ajouté que la punition serait moins sévère s'il avouait maintenant. D'après lui, avec l'informatique, on finirait forcément par trouver qui c'était.

J'espérais que ça ne remonterait pas jusqu'à moi, parce que le principal avait laissé entendre que les coupables se retrouveraient en prison à vie pour casser des cailloux avec des pioches comme dans les dessins animés.

Ça avait l'air super fatigant et je ne tenais pas à participer à ce genre d'exercice : les cours d'EPS me suffisaient largement pour cette année.

Et là, on a attendu. Et attendu. Je commençais à me sentir nauséeux. La pression était tellement horrible que je crois que si le principal avait prononcé mon nom, j'aurais tout avoué.

Personne ne s'est dénoncé et, à 8 h 50, un prof que je ne connaissais pas s'est penché vers le principal pour lui parler. Ça n'a pas semblé faire plaisir à M. Sauveur.

Finalement, le principal a dit que, tôt ou tard, on retrouverait la trace du coupable, mais qu'en attendant on devait aller en cours. Il a ajouté qu'il nous attendait tous pour les cours supplémentaires de l'après-midi. Quelques élèves ont protesté qu'ils avaient d'autres trucs prévus. Le principal n'a rien voulu entendre et il nous a prévenus que les absents seraient tous collés.

Brian s'est approché de moi. Il avait peur que le principal découvre que c'était nous qui avions eu l'idée d'envoyer l'e-mail. Je lui ai répondu que c'était l'idée de FLORINE, en fait. Je n'y avais pas pensé avant, et ça m'a un peu réconforté. Après tout, moi, je n'avais rien fait. J'étais juste dans le coin pendant que Théophile, Karl et Florine préparaient l'Action.

Karl et Hasna nous ont rejoints. Karl a regardé autour de lui pour vérifier que personne n'écoutait.

– Puisque l'e-mail ne suffit pas, il faut passer à la vitesse supérieure, a-t-il annoncé.

D'après lui, il fallait mettre des lettres dans les casiers des professeurs pour les menacer de représailles s'ils faisaient cours. J'ai juste compris assez de ce qu'il racontait pour savoir qu'il voulait qu'on commette un CRIME. J'ai trouvé que c'était une idée épouvantable. La plus mauvaise qu'il ait jamais eue.

– Laisse tomber, il faut écrire beaucoup trop de lettres, est intervenue Hasna. C'est impossible avant cet après-midi. Et ne comptez pas sur moi pour le faire pendant le cours ! Si un prof nous chope, on est foutus.

Karl a avoué qu'elle n'avait pas tort.

– On n'a qu'à écrire une seule lettre et la photocopier pour avoir plein d'exemplaires, a proposé Brian.

Karl a trouvé ça génial. J'ai protesté qu'aller photocopier la lettre était une mission-suicide et que personne n'était assez idiot pour accepter de le faire.

J'avais raison, évidemment. Karl a décidé qu'on allait utiliser « pierre-papier-ciseaux » pour savoir qui se sacrifierait. Quand Théophile et Gonzague se sont joints à nous, il leur a expliqué la situation. Je m'attendais à ce qu'ils refusent et que le problème soit réglé, mais ils ont été d'accord.

J'aurais dû me douter que Théophile accepterait : avec ses pouvoirs, il ne risquait rien. D'ailleurs, il a gagné le « pierre-papier-ciseaux » dès le premier tour.

Devinez qui a perdu.

Je ne comprends vraiment pas pourquoi je me fourre sans arrêt dans des histoires pareilles.

J'ai essayé de trouver un moyen de me défiler, mais Théophile m'a regardé bizarrement et Karl m'a demandé si j'étais du côté des « briseurs de grève ».

Je ne voyais pas ce qu'il voulait dire, mais ça n'avait pas l'air bon, alors j'ai répondu « non ».

Je n'avais plus aucun moyen de m'en tirer, alors j'ai insisté pour que quelqu'un vienne avec moi. Karl a admis que c'était une mission risquée et ils ont refait un « pierre-papier-ciseaux ». C'est Brian qui a perdu. Il m'a jeté un regard noir et j'ai fait semblant de ne pas l'avoir remarqué. Après tout, comme le dit Karl, on doit tous faire des sacrifices pour la cause.

On a décidé que Karl écrirait la lettre de menace pendant la première heure, parce que c'était le seul qui savait comment on menace des profs. Ensuite, je la photocopierais pendant la pause de midi et on tirerait au sort pour voir qui mettrait les lettres dans les casiers des profs pendant la pause de 2 h 30.

J'avais l'intuition que ça allait encore être moi. Je n'avais jamais été du genre chanceux, mais, en ce moment, c'était pire que tout. J'aurais bien aimé me trouver un trèfle à quatre feuilles ou un fer à cheval avant le midi. J'en ai discrètement parlé à Théophile quand on est entrés dans la salle « Donner à son enfant un enseignement vaut mieux que lui donner mille pièces d'or » (c'est exactement le genre de phrase qui me fait douter de la méthode de M. Sauveur – franchement, qui peut croire un mensonge pareil ?).

Je m'attendais à ce qu'il se paye ma tête, mais ma question n'a pas eu l'air de l'étonner. Il m'a répondu qu'il n'avait qu'une patte de lapin et qu'il l'avait laissée sous son oreiller. J'espérais que c'était une de ses plaisanteries bizarres, parce que sinon c'était grave glauque.

Il a sorti ce qui était indubitablement un marron ramassé dans la cour et il me l'a donné.

– Tiens, ça te portera chance.

– C'est un marron de la cour, j'ai fait remarquer.

– Et alors ?

Je n'avais pas besoin de me mettre à dos un type qui voyait les auras juste avant ma mission secrète en salle de photocopie. Du coup, j'ai pris le marron et je l'ai remercié.

Au point où j'en étais, un marron magique ne pouvait pas me faire de mal.

CHAPITRE 9

À 12 h 33, Brian et moi nous sommes glissés dans la salle de la photocopieuse avec la lettre de menace. Je ne sais pas si c'était grâce au marron magique, mais il n'y avait personne au premier étage. Non seulement c'était l'heure du déjeuner, mais c'était aussi l'anniversaire de la prof de SVT et, quand on est montés, les profs étaient en train de la regarder ouvrir ses cadeaux près de la machine à café du préau.

La salle de la photocopieuse est toute petite. Il n'y a qu'une fenêtre, la photocopieuse et une table sur laquelle on avait posé une agrafeuse, une grande paire de ciseaux et de la colle.

On a décidé que Brian ferait le guet pendant que je m'occuperais de photocopier.

J'ai sorti la lettre de mon sac et je l'ai mise dans la photocopieuse. Aucun de nous ne se souvenait de combien il y avait de profs dans le collège. Gonzague pensait que vingt photocopies suffiraient.

VOUS FERIEZ MIEUX DE
NE PAS FAIRE COURS PENDANT
LES HEURES DE SOUTIEN OU
SINON VOUS AUREZ DES
PROBLÈMES.
GENRE DE GROS PROBLÈMES.
CE N'EST PAS UNE PLAISANTERIE.
SI VOUS FAITES COURS, VOUS
ALLEZ LE REGRETTER.

Je n'étais pas très enthousiaste au sujet de la lettre. Karl m'avait juré que c'était une lettre de menace standard, mais je la trouvais quand même un peu brutale.

Je veux dire, ça ne l'aurait pas tué de rajouter un « s'il vous plaît » ou un « merci » quelque part, et j'étais sûr que les profs le prendraient vachement moins mal si c'était poli.

D'expérience, je sais que c'est plus facile d'obtenir les choses en les réclamant gentiment. Mais quand j'ai donné mon point de vue à Karl, il m'a regardé comme si j'étais un extraterrestre. Il a dit que le peuple n'était pas devenu libre en demandant gentiment au roi pendant la Révolution et qu'il n'y a que la menace qui marche.

Moi, la seule chose dont j'étais sûr, c'était que cette lettre était encore mille fois pire que la pétition. Si les profs nous prenaient avec, ils nous transformeraient en pâté pour chat.

Et s'ils ne le faisaient pas, mes parents s'en chargeraient.

Si on ne terminait pas en prison.

J'ai programmé la photocopieuse pour vingt photocopies et j'ai appuyé sur le bouton vert. Cette machine faisait un boucan atroce et Brian a bondi quand elle s'est mise en route.

Les photocopies ont commencé à arriver et je pensais qu'on était tirés d'affaire, quand Brian a brusquement refermé la porte de la salle.

– Quelqu'un arrive ! J'ai entendu des pas. C'est un prof, c'est sûr ! Ou le PRINCIPAL. Il faut arrêter la machine, a-t-il soufflé, complètement affolé.

– Je ne sais pas comment on l'arrête, j'ai répondu.

– Ma mère va me tuer si on se fait chopper, m'a dit Brian.

J'ai appuyé sur des boutons au hasard. Mais rien à faire : cette saleté de photocopieuse refusait de s'arrêter. Je pense que ça devait être un genre de punition céleste.

Brian a jeté un coup d'œil sur l'écran et il est devenu tellement pâle que j'ai cru qu'il allait s'évanouir.

– Qu'est-ce que t'as fichu ?

Il a pointé son doigt vers le chiffre sur l'écran. Je n'avais pas remarqué, mais il indiquait quatre cent quarante photocopies à faire.

– J'ai dû appuyer sur le mauvais bouton. Je suis pas expert en photocopieuse, je me suis défendu.

– Il y en a pour des HEURES, a pleurniché Brian. On ne sortira jamais avant que les profs reviennent.

J'ai essayé de secouer la machine, mais elle a à peine bougé. J'ai donné un grand coup de pied dedans parce que Brian paniquait complètement. La photocopieuse a fait un sale bruit, comme si elle essayait de vomir sans y arriver, puis il y a eu un *bip* aigu. Un point d'exclamation est apparu sur l'écran.

« BOURRAGE PAPIER »

La machine n'arrêtait pas de bipper.

– Qu'est-ce que tu fabriques ? Quelqu'un arrive ! J'entends quelqu'un arriver !

Brian a saisi mon tee-shirt de ses deux mains et il m'a secoué. J'étais presque sûr qu'il pleurait.

– On va aller en prison ! Arrête la photocopieuse ou on va tous MOURIR !

Là, dans mon esprit c'est devenu tout noir. Façon écran d'ordinateur en panne. Il fallait absolument que je stoppe les photocopies avant que quelqu'un nous trouve. Alors j'ai fait le premier truc qui m'est passé par la tête.

Avec le recul, je dois admettre que j'aurais peut-être dû essayer de trouver autre chose, mais, sur le moment, c'est tout ce qui m'est venu.

J'ai attrapé les ciseaux sur la table et j'ai coupé le gros câble qui dépassait de la machine.

Elle s'est arrêtée tout de suite.

Je me suis senti soulagé environ une demi-seconde.

– Qu'est-ce que t'as fait ? a demandé Brian. T'as détruit la propriété de l'école ! Et je suis avec toi. Je suis un COMPLICE !

– Si t'avais une autre idée, fallait le dire, j'ai répliqué, vexé. Regarde dans le couloir pour voir si quelqu'un vient au lieu de te plaindre.

Mais Brian a refusé de s'approcher de la porte. Je n'avais pas très envie d'être en première ligne, moi non plus, mais, avec la tête que Brian faisait, j'avais peur qu'il ne craque sous la pression. Brian est une poule mouillée : s'il pensait qu'il allait se faire coincer, il était capable de se dénoncer à un prof.

J'ai jeté un coup d'œil dans le couloir, mais il n'y avait personne. Peut-être que Brian avait imaginé le bruit de pas.

Je me suis retourné et j'ai vu une tonne de lettres de menace par terre, à côté du cordon coupé de la photocopieuse.

C'est là que j'ai réalisé ce que je venais de faire.

J'avais paniqué, O.-K. ?

Toute cette histoire de nouveau principal et de Programme en quinze points était juste beaucoup trop stressante pour moi. Karl avait eu tort de me charger des photocopies : je n'étais vraiment pas l'homme de la situation.

Je vous rappelle que je gère mal le stress.

Je n'aurais jamais fait un truc comme COUPER le fil électrique d'une photocopieuse au lieu de la débrancher si j'avais été dans mon état normal.

Je vous jure.

J'ai repoussé le fil coupé derrière la machine. J'ai cherché un moyen de faire en sorte que ça ressemble à un accident. Genre un prof a fait tomber les ciseaux sur le côté de la photocopieuse et ça a coupé le fil sans qu'il s'en rende compte.

Mais ça ne me paraissait pas évident. Brian m'a regardé comme si j'étais complètement décérébré quand je lui ai posé la question.

Il avait raison. Qui aurait pu couper la prise d'une machine aussi grosse sans le faire exprès ?

À part moi, évidemment.

Ma vie était finie. J'étais en train de vivre ma dernière journée de collégien normal en liberté.

Au début, Brian a refusé de toucher quoi que ce soit, mais je n'avais pas assez de place dans mon sac pour mettre toutes les lettres. Finalement, il a sorti un paquet de mouchoirs et il en a enroulé autour de ses mains avant de ramasser les lettres qui restaient pendant que je surveillais le couloir. Ce n'était pas très rapide, mais il ne voulait pas risquer de laisser d'empreintes. Je trouvais qu'il n'avait pas tort et, avant de partir, j'ai essuyé les ciseaux avec mon tee-shirt au cas où.

On s'est sauvés aussi vite que si la salle de photocopie était en feu et on est montés au dernier étage. Arrivé en haut, j'avais l'impression que mes poumons allaient se décrocher de l'intérieur de ma poitrine tellement j'avais du mal à respirer. J'avais les mains toutes suantes et mes genoux tremblaient façon gelée aux fruits. Mais je savais qu'il n'y aurait personne parce que tout le monde était en train de déjeuner.

D'ailleurs, Gonzague avait intérêt à m'avoir gardé des trucs à manger à la cantine. Avec tout ce que je faisais pour ce collège, on me devait bien ça.

– Qu'est-ce qu'on fait, maintenant ? j'ai questionné.

– On se débarrasse des preuves, a répondu Brian.

On a filé jusqu'à la poubelle au fond du couloir et j'ai vérifié que la salle de classe devant nous était fermée à clé. Ensuite, on a sorti les lettres. Je les ai roulées en boule une par une. Brian les prenait avec ses mains couvertes de mouchoirs pour effacer les empreintes avant de les jeter. La poubelle a été pleine tout de suite. J'ai arraché quelques feuilles de mon cahier de maths et on les a jetées aussi pour recouvrir les preuves. Ensuite, on a fait la poubelle du couloir d'en face et les trois poubelles de l'étage d'en dessous. J'avais l'impression d'entendre des gens approcher sans arrêt et Brian était tellement stressé qu'il a fini par vomir dans la dernière poubelle. Ça m'a paru être une excellente idée et je lui ai demandé s'il pensait pouvoir le refaire dans toutes les autres pour être extra-sûrs que personne n'aurait envie de fouiller dans les papiers, mais il m'a répondu que non d'une manière franchement pas aimable.

De toute façon, on avait bien effacé nos traces, et je ne voyais pas qui pourrait remonter jusqu'à nous.

Enfin, c'était ce que j'espérais.

Au début, Karl a été super en colère quand je l'ai informé qu'on s'était débarrassés des lettres. Il ne nous a pas adressé la parole de l'après-midi et j'avais trop la trouille que quelqu'un fasse le lien entre nous pour m'approcher de Brian à moins de trois mètres, alors je me suis senti un peu seul.

Quand les cours supplémentaires ont commencé, le prof d'histoire-géo est arrivé super en retard. Il avait besoin de photocopies pour travailler et il n'avait pas pu les faire parce que quelqu'un avait « vandalisé » la photocopieuse. Comme c'était aussi le cas d'autres profs, les cours supplémentaires ont finalement été annulés et le principal a annoncé par le haut-parleur qu'on pouvait rentrer chez nous.

Il a ajouté que le coupable serait « activement recherché » et que « ce petit sauvage » ne perdait rien pour attendre.

Ça m'aurait plus inquiété si tous les élèves de mon groupe n'avaient pas été en train de pousser des cris de joie et de rassembler leurs affaires le plus vite possible.

Quand on est sortis du collège, j'ai avoué à Karl que c'était moi qui avais coupé le cordon de la photocopieuse.

D'abord, il ne m'a pas cru. Mais, ensuite, il m'a tapé dans le dos et il m'a dit que j'étais un héros. Il s'est excusé d'avoir douté de moi. Il n'en revenait pas que j'aie pris tous ces risques pour « la cause ».

– Oh, tu sais, je risque pas grand-chose, j'ai affirmé en essayant de la jouer modeste. Personne ne peut savoir que c'était moi.

– Aujourd'hui, il y a des technologies hyper modernes pour connaître les coupables, m'a répondu Karl. On te retrouve juste en analysant les empreintes invisibles de tes chaussures sur le sol.

Il était sûr que c'était vrai parce qu'il l'avait vu à la télé.

Ensuite, il m'a dit qu'on allait faire de « grandes choses » ensemble et qu'il m'admirait parce que, en plus, les photocopieuses c'est méga cher.

Il m'a juré que, si j'étais démasqué, il ferait en sorte que tous les élèves du collège Alphonse Allais se souviennent de mon nom.

Devenir un héros ne me paraissait plus aussi cool, tout à coup.

J'espérais vraiment pouvoir continuer ma vie de collégien normal et que personne ne découvrirait jamais mes exploits.

Parce que j'ai vérifié le prix d'une photocopieuse et qu'il me faudrait à peu près cent vingt ans d'argent de poche pour remplacer celle de l'école. Et, je n'en étais pas très sûr, mais je croyais me souvenir que, quand on ne pouvait pas payer quelque chose qu'on avait cassé dans une école, on allait en prison et on travaillait là-bas jusqu'à avoir remboursé. D'après Karl, les prisonniers étaient payés à peu près autant que les enfants qui fabriquent les chaussures de marque, alors je n'étais pas près de sortir. Si j'avais de la chance, je devrais pouvoir fêter ma retraite en liberté.

7481

Ce soir-là, Brian m'a appelé. Il avait regardé sur Internet et, apparemment, certains prisonniers fabriquent des biscuits. Au moins, comme ça, on pourrait en manger gratuitement. Par contre, il tenait à ce qu'on soit discrets si on devait en arriver là, parce que quand on se faisait prendre on était punis par les gardiens et que ce n'étaient pas des rigolos.

Plus tard, j'ai retrouvé le marron magique de Théophile dans ma poche et je me suis demandé s'il ne l'avait pas maudit, en fait. Si Théophile avait des pouvoirs, il travaillait peut-être pour le côté obscur ? Peut-être que c'était le marron qui m'avait possédé et poussé à couper le fil de la photocopieuse ? Je l'ai jeté à la poubelle au cas où et j'ai fait une petite prière pour que personne ne découvre ce qui était arrivé pendant l'heure du déjeuner.

Ce n'était pas comme si je l'avais fait *exprès*. C'était un accident. On ne pouvait pas me reprocher d'avoir paniqué. Ça aurait pu arriver à n'importe qui.

J'ai passé la semaine suivant le Massacre de la Photocopieuse dans la terreur. Le principal a menacé d'appeler la police et de coller TOUT le collège si personne ne se dénonçait. Mais, finalement, personne n'a parlé et il ne s'est rien passé.

Je ne savais pas si c'était le marron magique, mais quelque chose m'avait sûrement porté chance.

CHAPITRE 10

Pendant un cours d'anglais, dix jours après l'Accident, une boule de papier a soudain atterri sur ma table. J'ai jeté un coup d'œil par-dessus mon épaule et Karl m'a fait signe de le lire. Je me suis douté qu'il allait de nouveau être question de la Lutte Contre le Principal : il ne parlait plus que de ça. Moi, je ne savais plus trop. D'un côté, je commençais tout juste à réussir à dormir sans rêver de photocopieuses en train de me poursuivre avec des ciseaux pour se venger. Mais, en même temps, je devais reconnaître que la vie au collège était de pire en pire. On aurait dit que le Programme de M. Sauveur pour « améliorer » Alphonse Allais n'avait pas de fin.

Quinze points ? Plutôt cent cinquante ! On ne pouvait pas passer une journée sans avoir de nouvelles horreurs : des classements, des tests, des inscriptions à des concours obligatoires... Les profs organisaient même des « compétitions amicales » en classe où on gagnait des cadeaux nuls comme des stylos ou des Post-it.

La prof de français était la seule à avoir trouvé un truc vraiment motivant. Elle faisait les compétitions à l'oral et elle lançait des bonbons ou des mini-barres chocolatées à ceux qui répondaient bien. Karl trouvait qu'elle nous traitait pareil que des singes de zoo à qui on lance des cacahouètes. Ce n'était pas faux, mais au moins ça valait le coup de se creuser un peu la tête. Et avec la pénurie de bonbons qu'il y avait à la maison à cause de la mère de Brian, j'étais prêt à faire le gorille autant que Mme Li voulait pour avoir ma dose de Carambar.

Un truc m'a frappé la tête. Je me suis retourné et j'ai regardé par terre. Karl m'avait lancé un stylo et il m'a à nouveau fait signe de lire son mot.

La patience n'est pas le point fort de Karl.

J'ai discrètement ouvert le papier. Il disait qu'il fallait que j'aille dans notre lieu de rendez-vous secret (Karl avait fait un dessin qui ressemblait à un gâteau à côté de cerises qui se tenaient par la main et il m'a fallu vingt minutes pour comprendre que c'était la salle de gym, derrière les tatamis) après le déjeuner. Ensuite, il y avait un « P.-S. » me demandant de MANGER le mot pour qu'on soit sûrs qu'il ne tomberait pas entre les mains de l'ennemi.

J'ai trouvé ça franchement extrême. Je n'ai pas mangé de papier depuis la maternelle. Et encore, c'était parce que j'avais mal compris le système du papier comestible qu'on met sur le nougat. J'avais cru que TOUS les papiers se mangeaient et j'avais essayé de mâcher une feuille de papier à dessin pour voir.

Mon instit de l'époque m'a toujours traité comme quelqu'un d'un peu stupide, après cet incident. Je crois que je n'avais pas arrangé les choses en essayant de lui expliquer que j'avais pris la feuille pour du nougat.

J'ai roulé le message en boule et je l'ai mis dans ma trousse. Mais, là, j'ai pris un autre stylo en pleine tête. Je me suis retourné et Karl a indiqué du doigt ma trousse puis sa bouche.

La prof d'anglais m'a rappelé que le tableau était devant moi et m'a demandé de faire l'exercice suivant.

Je n'ai pas osé me retourner encore une fois, mais j'espérais que Karl avait honte d'attirer autant d'ennuis à un type aussi innocent que moi.

J'étais bien décidé à ignorer Karl et son rendez-vous, mais Gonzague m'a traîné dans la salle de gym après le déjeuner sans me demander mon avis parce que ça allait être « amusant ».

On voyait tout de suite que ce n'était pas lui qui risquait de se retrouver en prison jusqu'à sa mort pour vandalisme et photocopies de lettre de menace.

Brian nous a suivis. Je crois qu'il en avait juste marre d'être le premier de la classe parfait et d'obéir à sa mère. Je le comprenais. Brian devait avoir la vie la plus pathétique de tout le collège. À part peut-être Karl, mais, lui, ses fringues de vieux et ses vacances dans la boue n'avaient pas l'air de le gêner.

Karl est franchement bizarre, quand on le connaît bien.

On s'est glissés derrière les tatamis, à côté du cheval-d'arçons. Karl et Hasna étaient déjà là, avec une fille qui était nouvelle dans notre classe. Je ne lui avais jamais parlé. Je l'avais seulement remarquée parce qu'elle avait un million de barrettes dans ses cheveux. Je me demandais si ça faisait comme un casque au cas où elle se cognerait la tête. Karl a précisé qu'elle s'appelait Claire-Lise et qu'elle était « réglo ». Apparemment, c'était une amie d'Hasna. Elle était contre le principal parce qu'elle avait des tonnes d'activités après la classe et qu'elle n'avait pas le temps de faire plein de devoirs ou d'aller aux cours supplémentaires.

Je crois surtout qu'Hasna l'avait recrutée parce qu'elle en avait marre d'être la seule fille de notre groupe, et que Karl l'avait acceptée pour avoir la cote avec Hasna.

On attendait encore Théophile, et Karl ne voulait pas que le « meeting » commence avant qu'on soit au complet. Du coup, personne ne parlait. Ça a été les dix minutes les plus longues de ma vie.

Quand Théophile est enfin arrivé, Karl s'est éclairci la gorge comme s'il était le président de la République avant un discours. Il avait un nouveau plan : il fallait qu'on forme une société secrète pour se battre contre la politique totalitaire de M. Sauveur de façon « plus radicale » et sauver notre collège. Il voulait qu'on fasse des actions de grande ampleur et qu'on prenne de vrais risques.

C'était le début de la révolution.

J'ai protesté parce que je trouvais qu'il avait failli m'arriver bien assez de trucs dangereux pendant que je me « battais pour la cause », mais Karl a affirmé qu'il ne s'était rien passé, au final. Il a ajouté qu'avec une société secrète personne ne nous démasquerait et qu'on deviendrait des légendes.

Je pense que l'idée de devenir des légendes a plu à tout le monde. Hasna a soupiré et a reconnu qu'on devait faire quelque chose, à cause du burn-out.

Karl a déclaré qu'on avait la responsabilité de protéger les élèves « innocents », qui ne savaient pas qu'ils risquaient de mourir à force de trop travailler. Brian préférait encore aller en prison plutôt que de mourir brûlé vivant et Gonzague était d'accord avec lui. Je devais reconnaître que, vu comme ça, on n'avait pas franchement le choix.

On a tous levé la main droite et juré qu'on ne révélerait jamais l'existence de la société secrète ou le nom des membres, même sous la torture.

J'avoue que j'ai croisé les doigts de pied. Ce n'est pas que je voulais attirer des ennuis aux autres, mais je ne suis pas franchement résistant à la douleur. Alors souffrir en silence pendant qu'on me torture, je crois que c'est mort.

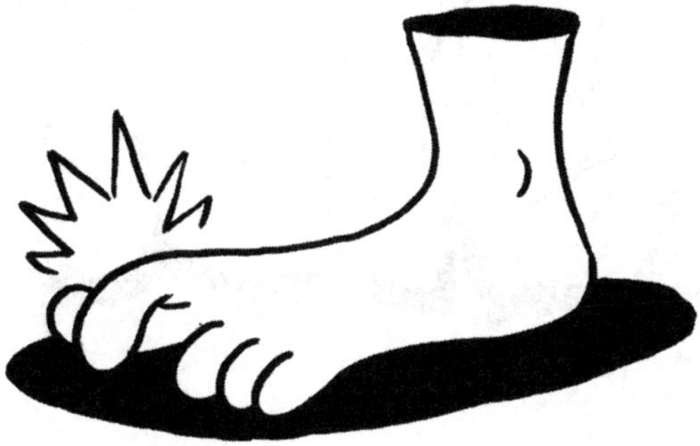

Ensuite, Gonzague a fait remarquer qu'il nous fallait un nom.

Karl voulait qu'on s'appelle le « Front de libération des collégiens opprimés », mais c'était trop compliqué à retenir. Claire-Lise a proposé « Mort aux profs ». Ça sonnait bien, mais Brian trouvait que c'était un peu extrême. Réflexion faite, on a décidé d'écarter ce nom. Karl avait la trouille que la CIA nous confonde avec des terroristes et prenne notre collège d'assaut pour nous enfermer dans une prison américaine.

Il paraît que la police américaine surveille tout le monde.

Brian m'avait expliqué la veille qu'on était tous surmenés. Ça veut dire qu'on travaille trop dur et que, du coup, on est méga fatigués. Ça correspondait à notre situation, alors j'ai proposé « Non Au Surmenage des Élèves ! » ou la NASE pour faire court.

Ils ont tous trouvé ça génial et j'étais plutôt fier de moi. Ce n'est pas tout le monde qui peut trouver en deux minutes le nom d'une société secrète qui va rester dans l'histoire.

Quand la sonnerie a annoncé la reprise des cours, Karl a dit que la séance était « ajournée » (visiblement, ça veut dire « terminée ») et il a voulu qu'on se serre la main.

En retournant en classe, j'ai commencé à avoir des doutes. J'avais peur qu'on exagère. Est-ce qu'il fallait vraiment faire une société secrète et prendre des risques juste parce qu'on avait des classements et plein de devoirs ?

Mais, là, on est arrivés devant notre salle. Tout le monde était en train de discuter super fort. Quand on a voulu savoir ce qui se passait, Jules Perny nous a appris que M. Sauveur voulait créer une chanson du collège appelée *Hymne de la réussite*. Les sixième et les cinquième allaient devoir écrire les paroles, et la prof de musique s'occuperait de la mélodie. Ensuite, on allait devoir la chanter TOUS LES MATINS avant le début des cours.

Apparemment, c'était censé motiver notre esprit combatif.

Karl m'a regardé.

J'ai vu que, pour une fois, on pensait la même chose. On ne pouvait pas laisser passer ça : trop, c'est trop.

À partir de maintenant, c'était la GUERRE.

Nous sommes les membres de :

LA SOCIÉTÉ SECRÈTE
« NON AU SURMENAGE DES ÉLÈVES ! »

La lutte ne fait que commencer.

(C'est Karl qui a insisté pour que je rajoute ça à la fin du livre. Il trouve que, puisque j'ai insisté pour raconter nos aventures dans un livre, il faut au moins qu'on ait l'air de révolutionnaires sérieux.)

À suivre...

BORN
TO
LEARN

Achevé d'imprimer en août 2015
par Normandie Roto Impression s.a.s.

Dépôt légal : août 2015. N° 122149-1 (1502422)

Imprimé en France